本书受到首都经济贸易大学出版资助，北京市教育委员会社科计划一般项目（SM201910038013）阶段性成果。

| 光明学术文库 | 经济与管理书系 |

上市公司反收购条款
过度防御研究

张 瑶 | 著

光明日报出版社

图书在版编目（CIP）数据

上市公司反收购条款过度防御研究 / 张瑶著 . -- 北
京：光明日报出版社，2022.10
ISBN 978 - 7 - 5194 - 6860 - 6

Ⅰ.①上… Ⅱ.①张… Ⅲ.①上市公司—企业兼并—
公司法—研究—中国 Ⅳ.①D922.291.914

中国版本图书馆 CIP 数据核字（2022）第 190881 号

上市公司反收购条款过度防御研究

SHANGSHI GONGSI FAN SHOUGOU TIAOKUAN GUODU FANGYU YANJIU

著　者：张　瑶

责任编辑：李　倩　　　　　　　责任校对：郭嘉欣
封面设计：中联华文　　　　　　责任印制：曹　净

出版发行：光明日报出版社
地　　址：北京市西城区永安路 106 号，100050
电　　话：010 - 63169890（咨询），010 - 63131930（邮购）
传　　真：010 - 63131930
网　　址：http：// book. gmw. cn
E - mail：gmrbcbs@ gmw. cn
法律顾问：北京市兰台律师事务所龚柳方律师

印　　刷：三河市华东印刷有限公司
装　　订：三河市华东印刷有限公司
本书如有破损、缺页、装订错误，请与本社联系调换，电话：010-63131930

开　　本：170mm×240mm
字　　数：190 千字　　　　　　印　　张：14
版　　次：2023 年 4 月第 1 版　　印　　次：2023 年 4 月第 1 次印刷
书　　号：ISBN 978 - 7 - 5194 - 6860 - 6
定　　价：89. 00 元

前　言

　　随着2007年股权分置改革以及资本市场收购浪潮的兴起，反收购也渐渐引起了人们的关注。尤其是在赫赫有名的"宝万之争"事件后，上市公司管理层、大股东也随之纷纷修改上市公司章程，在公司章程中设置反收购条款。

　　本书收集分析了2007—2018年沪深两市A股主板上市公司章程中的反收购条款，统计结果显示，自2007年到2018年，上市公司章程中的反收购条款数量增加了1.2倍，可见公司章程中的反收购条款是稳步增长的。但由于现行以《中华人民共和国公司法》（后简称"《公司法》"）、《上市公司收购管理办法》、《上市公司章程指引》为代表的相关法律法规对公司章程自治的范围规定尚不够明确，尤其是公司章程中的反收购条款的合法性存在争议，有些上市公司制定的反收购条款甚至严重损害中小股东利益，更有甚者引起严重的代理问题，影响到企业的最终价值。因此，探明我国现阶段公司章程中反收购条款过度防御问题以及如何进一步完善公司章程监管机制是当前亟待解决的重要现实问题。

　　本书的主要内容包括：

　　第一，反收购条款披露现状分析。通过对2007—2018年我国沪深两市上市公司的公司章程进行收集与分析，研究发现上市公司章程中设置的反收购条款并未出现新的类型，但是反收购条款内容有较大变化，其变化主要集中于董事候选人提名条款、分层董事会条款、"金色降落伞"条款三方面。结合现行法律法规以及不同反收购条款的现实披露内容，探讨反收购条款法律效力的标准，以期为制定合理的反收购条款过度防御标准提供现实与法律的双重依据。

第二，反收购条款过度防御作用机理分析。立足于内部结构化分析和外部功能化分析两个层面。内部结构化分析立足于股东权益理论、企业社会责任理论、堑壕理论的基础上，剖析具体反收购条款的法律效力，并分析具体条款的反收购效果。外部功能化分析强调反收购条款对外的作用影响机理，尤其是对企业创新、企业价值的作用机理分析。

第三，反收购条款过度防御指标体系构建。在明确过度防御内涵与表征的基础上，通过明确基本内容、设定标准、衡量标准三部分内容，构建反收购条款过度防御指标体系。将《公司法》《上市公司收购管理办法》的具体条款的要求与中证中小投资者服务中心（后简称"投服中心"）建议函的内容一一对应，确定反收购条款过度防御的具体识别标准。

第四，上市公司反恶意并购案例研究。通过对康达尔反京基恶意并购和伊利股份反阳光保险恶意并购事件的梳理，对反收购事件的本质与实践应用有更深刻的理解和认识，有助于更好的理解公司章程中设置的反收购条款的法律和实践的双重意义。

第五，反收购条款过度防御对企业创新的实证分析。本书通过收集投服中心股东建议函、上市公司章程修订公告以及相关法律法规的具体条款，确定了反收购条款过度防御的识别标准。在此基础上，实证检验了反收购条款过度防御对企业创新的影响机理。研究发现，反收购条款过度防御对企业创新具有显著负效应，其制约机制体现为显著增加了企业的代理成本，管理层倾向于选择简单保守的投资策略，而不是高风险的创新性策略。进一步研究发现，反收购条款过度防御对创新的抑制作用在高科技企业、竞争激烈程度高的企业中更显著，在管理层能力高水平企业中不显著。研究结论为上市公司合理设置反收购条款并充分发挥其价值效应提供了明确的经验证据。

第六，反收购条款过度防御对企业价值的实证分析。使用双重差分倾向得分匹配（PSM-DID）准自然实验方法，实证检验了反收购条款过度防御对企业价值的影响机理。研究发现，反收购条款过度防御对企业价值有显著抑制作用，其制约机制体现为显著增加了第一类代理成本和第二类代理成本。进一步研究发现，管理层薪酬业绩关联度和管理层离职业绩关联度水平也进一步降低，说明控股股东更可能与管理层合谋而加重了代理问题。研究结论为上市公司合理设置反收购条款提供了法律与经济的双重经验证据，对投服中心等创新型的监管方式亦有重要意义。

第七，基于上述研究，提出"公司治理、股权制衡、政府监管"三位一体的保障措施和政策建议。

本书主要创新如下：

第一，构建反收购条款过度防御指标体系，实现中国情景化研究。现有研究主要通过单一反收购条款或反收购条款指数对其进行衡量，而忽略了反收购条款过度防御的中国情景化特征。本书将相关法律规定与投服中心维权案例相结合，构建反收购条款过度防御指标体系，实现中国情景化研究。

第二，立足于过度防御这一新的研究视角，厘清反收购条款过度防御对企业创新的作用机理。现有研究直接以反收购条款作为研究对象，并没有考虑到过度防御这一现实背景。本书立足于反收购条款过度防御这一新的研究视角，厘清其对企业创新决策的作用机理，进一步分析其对企业价值的综合影响。

第三，聚焦反收购条款过度防御的经济后果，丰富企业投资决策的研究成果。现有研究在讨论反收购条款对投资决策影响的问题上，并没有形成层层递进的分析逻辑，且忽略了对反收购条款异质性、情境化特征的讨论。本书立足于多情境分析框架，聚焦于反收购条款过度防御对企业创新决策的影响，进一步剖析其对代理成本、企业价值的影响，有助于丰富企业投资决策的研究成果。

本书受到首都经济贸易大学出版资助，为北京市教育委员会社科计划一般项目（SM201910038013）阶段性成果。由于撰写者的水平有限，本书难免存在一些不足之处，恳请广大读者批评指正。

目　录
CONTENTS

第一章 绪 论

第一节 研究背景和意义

反收购条款作为一种公司外部治理机制来解决市场短期压力与创新所代表的公司长期利益之间的矛盾显得十分重要。在国外成熟的市场环境下，上市公司反收购条款较多，具体包括毒丸条款、错列董事会、绝对多数、累积投票等（Gompers，Ishii，Metrick，2003）。我国的证券市场发展时间较短，且我国独特的控股大股东"一言堂"制度背景以及金字塔股权结构使得恶意收购公司股权变得困难，因此我国恶意收购案例并不多见。然而随着 2007 年股权分置改革以及资本市场收购浪潮的兴起，反收购也渐渐引起了人们的关注。尤其是 2014 年以后，收购活动趋于活跃。据李芬芬（2017）统计，2014 年 1 月至 2017 年 4 月，深市共有 221 家上市公司发生收购事件 241 次，从板块分布来看，主板更加活跃。从年份来看，呈现出逐年增长的趋势。随着收购事件数量的逐步增长，反收购案例也越来越多，尤其是赫赫有名的"宝万之争"事件后，上市公司管理层、大股东也随之纷纷修改上市公司章程，出现了反收购现象。据《经济日报》报道，仅 2017 年上半年就有逾 620 家上市公司在公司章程中引入反收购条款。①

但由于现行以《公司法》《上市公司收购管理办法》《上市公司章程指引》为代表的相关法律法规对公司章程自治的范围规定尚不够明确，尤其是公司章程中的反收购条款的合法性存在争议，有些上市公司制定的反收购条款甚至严重损害中小股东利益，更有甚者引起严重的代理问题，影响到企业的最终价值。因此，探明我国现阶段公司章程中反收购条款过度防御问题以及如何进一步完善公司章程监管机制是当前亟待解决的重要现实问题。

如何识别公司章程中的反收购条款过度防御问题？反收购条款过度防御是否会影响企业长期投资决策？而投资决策的差异化选择是否会损害企业的最终价值？如何应对反收购条款过度防御行为扭曲可能导致的风险？以上问题既是本书的主要研究内容，也是主要研究创新点。

本书研究的理论意义在于：

第一，立足于过度防御这一新的研究视角，厘清反收购条款过度防御对企业投资决策的作用机理。现有研究直接以反收购条款为研究对象，并没有考虑到过度防御这一现实背景。本书立足于反收购条款过度防御这一新的研究视角，厘清其对公司投资决策的作用机理，进一步分析其对企业价值的综合影响。

第二，构建反收购条款过度防御的指标衡量体系，实现中国情景化的研究。现有研究主要通过单一反收购条款或构建反收购条款指数对其进行衡量，而忽略了过度防御的中国情景化特征。本书将相关法律规定

---

① 经济日报记者温济聪，逾 620 家上市公司增设反收购条款 此举涉嫌侵害股东合法权益 [N]. 经济日报，2017-06-15.

与投服中心维权案例相结合，构建反收购条款过度防御的识别方法，实现中国情景化的研究。

第三，聚焦反收购条款过度防御的经济后果，补充非正式制度对上市公司行为的影响研究。现有研究对非正式制度没有引起足够的关注，而在中国情境下，非正式制度发挥着非常重要的作用。本书将声誉机制纳入分析框架中，有助于更好地理解反收购条款过度防御的经济后果，补充非正式制度对上市公司行为的影响研究。

本书研究的实践意义在于：

第一，通过厘清反收购条款过度防御对公司投资决策尤其是企业创新决策的影响机理，有利于内部管理者有效防范相关经营风险和财务风险，外部投资者树立正确投资理念，从而降低投资风险。

第二，立足于反收购条款过度防御这一现象，研究公司章程中反收购条款的经济后果，为立法部门和监管机构，尤其是积极行权的公益性股东投服中心提供了理论参考。具体而言，在现实资本市场环境下，更应该将反收购条款制定放入有效的法律框架内，对其条款内容进行有效监管，最大程度发挥反收购条款的外部治理监督作用。

第三，立足于法律与经济双重视角，在对反收购条款法律效力界定的基础上，研究反收购条款过度防御对企业价值的影响机理，为立法机关和监管机构深入思考反收购条款的法律效力提供了有力的实践支撑。有利于监管机构对反收购条款进行合理法律框架监管，积极发挥反收购条款的积极效应，摒弃过度防御所带来的管理层惰性，实现企业价值的最终增长。

第二节 概念界定

一、反收购

收购是指一个法人主体（通常为公司）为了得到目标公司的管理控制权，通过购买、资产置换等多种方式来取得对方公司有关资产或股权。作为企业资本运作的一种常见形式，收购是指企业的控制权发生更换，经营控制权从原有投资者手中转移到收购方的一种控制权转移过程。收购通常有善意和恶意之分，善意收购往往出于双方利益最大化的考虑，收购双方达成一致意见；恶意收购表现为未经被收购方同意进行强行收购，被收购方会趋于采取激烈的反收购措施，旷日持久的"宝万之争"、康达尔、伊利股份反收购案例便是在这样的背景下应运而生的。部分上市公司章程中对恶意收购概括如下："恶意收购，是指在未经公司董事会同意的情况下通过收购或一致行动等方式取得公司控制权的行为，或违反本章程相关条款（可援引不同条款），或公司股东大会在收购方回避的情况下以普通决议决定的属于恶意收购的其他行为。"

反收购是指上市公司在面临恶意收购时，为防止控制权转移、避免被收购而开展的一系列防御举措。这些防御举措不仅仅局限于反收购过程中对公司控制权的争夺，还应该包括事前为防范恶意收购而做出的一些战略性规划，以及在被对方收购后为阻挠新股东而采取的改变公司经营规划、改选董事会人员等消极举措。

二、反收购的具体策略

为了实现反收购，目标公司往往会采取法律允许范围之内的所有可行性手段，多种措施并举，层层出击，这些措施主要关注股权及核心资产。反收购策略既被认为是公司保护利益相关者的有效举措，更被认为是保护公司管理者的措施。反收购策略对管理层的过度保护，可能会导致高额的代理成本，因此对反收购策略的分类及评估是十分重要的。一般将反收购策略划分为两种类型——预防性策略和反击性策略。

1. 预防性策略

预防性策略是指目标公司在事前设置相关障碍来阻止潜在恶意收购方发生收购的行为，表现为在公司章程中设置反收购条款。国外比较常用的反收购条款包括毒丸计划、错列董事会条款、绝对多数条款和降落伞条款。国内与国外对于毒丸计划的态度有很大的不同，美国对毒丸计划的约束较为宽松，只需上市公司章程中明确授权即可，而中国对于毒丸计划的使用限制比较严格，很少有上市公司在公司章程中设置毒丸计划条款。

（1）毒丸计划

毒丸计划是指在公司章程中设定如下条款："当收购方股权比例达到一定程度时，目标公司董事会有权向收购方之外的其他股东增发新股或认股权证，新股的价格相对优惠。"一旦满足毒丸计划触发条件，目标公司就能通过低价增发大量新股等方式，达到稀释股权比例、增大收购方收购成本的目的，但同时也会损害中小股东的利益。毒丸计划在美国较为流行，因为美国对此的法律约束较为宽松，只需上市公司章程中明确授权即可。而毒丸计划在中国很少实施，因为我国相关法律明确规定配送新股应由股东大会来决定，且必须经过证券监督机构核准。

（2）错列董事会条款

错列董事会条款，属于公司治理的范畴，指在董事会换届程序上规定每届董事会成员更换的比例不超过某个既定范围（一般是三分之一）。即使收购方完成了收购行为，由于错列董事会条款的存在，控制目标公司董事会就变成一个持久的过程。如按照每年至多改选三分之一董事会成员的规定，收购方必须花费三年的时间，才能更换全部董事，有的公司甚至规定更长的改选周期。错列董事会条款，有利于创造一个相对稳定的董事会，为公司长期战略规划的贯彻实施铺平道路。

（3）绝对多数条款

绝对多数条款，指在企业收购、资产重组等重大议题的决策上，必须通过多数股东的同意才能生效，且对该条款的修改也需要绝对多数的股东同意才能生效。例如，华神集团在拟修改的公司章程中规定："在面临恶意收购时，股东大会通过特别决议要求须达到80%以上比例。"

（4）降落伞条款

降落伞条款是指公司被恶意收购后，收购方给离职员工和管理层的一次性巨额赔偿金，一般是相当于任职期间薪酬的数倍。根据赔付对象的不同，可以划分为金色降落伞、银色降落伞和锡色降落伞三种条款。金色降落伞主要面向高层管理人员，银色降落伞针对普通经理层和技术骨干人员，而锡色降落伞适用于公司的一般员工。目前，在西方发达国家，运用最广泛的是金色降落伞条款。金色降落伞条款较大程度上提高了新股东在完成收购后裁撤原管理团队的成本，增加收购公司现金流的压力。对于目标公司而言，有利于保障公司管理层的稳定性，此外，高额的失业赔付也能提升高管的忠诚度，然而在金色降落伞条款是否存在向高管输送利益这一问题上，学界依然保有争议。

2. 反击性策略

反击性策略一般指目标公司在实际遭到恶意收购时才会采取的事后抵御方式,主要包括"白衣骑士"、帕克曼式防御、增加负债等策略。

(1)白衣骑士

白衣骑士策略指在遭遇恶意收购时,寻找与目标公司关系密切的善意第三人,通过支持其参与到收购竞价中以击退恶意收购方,以免公司控制权旁落他人。一个或多个稳定可靠的友好同盟,是执行该策略的前提,保障目标公司在遭受恶意收购突然袭击时不会乱了阵脚。此外,白衣骑士策略的贯彻执行,应选取恰当的时点,不能等到收购方基本完成控制权转移后才寻求友好同盟的支持。资本市场上著名的万科股权争夺战,就是以白衣骑士深圳地铁进入万科、宝能收购计划落空为结局的,反映出该策略具有可执行性和有效性。

(2)帕克曼式防御

帕克曼式防御是指目标公司在反收购过程中转守为攻,向恶意收购方提出一个反向的收购要约,以期扰乱对方,挫败其恶意收购行为。不过该策略的应用,对目标公司本身的资产实力要求严苛,若目标公司经济实力不强,回购自身股份都存在一定难度,反向狙击恶意收购方更成为天方夜谭。目前我国 A 股市场上,伊利、雅化集团等上市公司在拟修订的公司章程中允许在合法范围内采取帕克曼式防御策略进行反向收购。

(3)其他手段

除上述策略之外,目标公司还可以采取法律诉讼,通过监管和司法层面给收购方施加压力,寻求法律层面上的支持。特别是在恶意收购中,收购方往往会产生信息披露不全、收购行为不透明等违规问题,目标公司可以及时向证监会反映,要求收购方在合法合规方面做出答复。

如果恶意收购方主要是为了获得目标公司的核心资产或有价值的资源，焦土策略也不失为一种有效措施，通过将最具收购价值的资源从公司内部剥离，从而降低收购方的收购意愿，迫使对方主动放弃收购。

三、过度防御反收购条款

过度防御反收购条款与正常防御反收购条款相比，其特征凸显为"过度防御"，而本书对于反收购条款防御力的界定主要依据相关法律规章制度的法律效力。虽然很多法学学者对于反收购条款中具体条款的法律效力进行了评价（曹清清，2018；唐明君，2017；王云锐，2019；程艳丽，2019；曹媛媛，2019），但是其仅仅侧重于具体条款的法律效力研究，并没有设立具体的衡量标准，明确反收购条款的防御强度。同时，投服中心作为监管机构，通过在股东大会现场质询、发送股东质询建议函等方式持续督促上市公司及时修改公司章程中不合法、不合规的反收购条款，虽然总结出六类不当反收购条款，但也并没有明确阐述具体的衡量标准。

据此，本书立足于法律效力视角，明确过度防御反收购条款的内涵。过度防御反收购条款强调上市公司设置的反收购条款虽然以保护被收购方自身控制权为核心，但是在制定的内容上忽略了强制性公司法律规范，损害了中小股东利益，这一类反收购条款属于过度防御反收购条款。

第三节 文献综述

围绕"反收购条款"国内外学者已经做出了很多相应的研究，从研究领域来划分，主要集中在法学、金融学、管理学三大领域。法学相关学者主要集中于对反收购条款法律效力的探讨，以现行的《中华人民共和国证券法》《公司法》《上市公司收购管理办法》《上市公司章程指引》《上市公司治理准则》等法律法规以及规范性文件为范本，对反收购条款中涉及的相关主体的权利、义务、责任进行界定。研究方法主要是通过具体的公司章程实例进行法律分析，来确定每一个条款及其具体内容的法律效力。金融学研究和管理学研究比较相似，但其研究方法的侧重点有所不同。金融学更倾向于"法与金融"视角，多使用回归分析等计量方法研究反收购条款的经济后果。而管理学则侧重于将案例研究方法和回归分析计量方法相结合。

本书横跨法学、金融学、管理学三大领域，根据学者们的研究成果，从反收购条款衡量指标、反收购条款设立动因、反收购条款经济后果以及影响反收购条款的情境因素等方面展开相关研究。

一、反收购条款及其过度防御衡量指标

1. 反收购条款衡量指标

国外学者对于反收购条款的衡量主要包括两种类型，一是使用单一条款衡量。例如毒丸计划（Danielson and Karpoff，2006；Arikawa and Mitsusada，2008）、错列董事会（Bebchuk，Coates and Subramanian，

2002；Bertrand and Mullainathan，2003；Bebchuk and Cohen，2005；Chintrakarn 等，2013）、金色降落伞和高管薪酬（Brusa 等，2009；Beb-chuk 等，2014；Chen，2011）、白衣骑士员工持股计划（Bertrand and Mullainathan，2003；Pagano and Volpin，2005；Rauh，2006；Cresson，2007）、提高负债比例（Berger 等，1997；Jandik and Makhija，2005；Chang 等，2014）等。二是采用多指标衡量。其中引用较为频繁的指标包括 Field 和 Karpoff（2002）创建的 FK 指标，Gompers 等（2003）创建的 G 指标和 Bebchuk 等（2009）创建的 E 指标。国内反收购的研究与实践和国外存在较大不同，许金花等（2018）的研究提出中国和美国的上市公司在制定公司章程时存在显著差异。

我国学者早期多采用单指标衡量。例如累积投票制（陈敏，2007；张宝华等，2012；吴磊磊等，2011）和分层董事会（王凯等，2019；袁天荣等，2018）。更多学者采用多类型指标体系。陈玉罡和石芳（2014）提出适用的六类反收购条款，包括累积投票制、错列董事会、董事提名权股权限制和时间限制、董事会资格审查、绝对多数条款。李善民等（2016）提出四类反收购条款来考察我国公司层面法律法规的差异，包括分层董事会条款、董事提名权条款、绝对多数条款以及累积投票制条款。罗进辉等（2018）在借鉴 Gompers 等（2003）的基础上，将反收购条款分成举牌限制、股份转让限制、召开股东大会限制、绝对多数条款、提案权限制、董高监提名限制、董高监更换限制、金色降落伞、明确提出反收购、明确允许反收购十类条款。

2. 反收购条款过度防御衡量指标

对于反收购条款过度防御指标的衡量，现有学者还没有太多关注。对于反收购条款法律效力的研究，更多引起法学学者的关注（曹清清，2018；唐明君，2017；王云锐，2019；程艳丽，2019；曹媛媛，2019）。

法学学者主要侧重于具体条款法律效力的研究，并没有进一步设立具体的衡量标准。

投服中心作为监管机构，总结出六类不当反收购条款，具体包括：提高持股比例或设置持股期限限制股东权利；增设股东的披露义务；增加公司收购特别决议、设置超级多数条款；限制董事结构调整；赋予大股东特别权利；设置金色降落伞计划。投服中心虽然根据实践经验总结出六类不当反收购条款，但并没有明确阐述具体的衡量标准。

二、反收购条款的设立动因

对于公司设立反收购条款的动机研究，现有文献主要形成了三种基本假说。一是以委托代理理论为基础的管理层堑壕假说和控股股东堑壕假说，二是以管家理论为基础的股东利益假说，三是以管理者资产专用性理论为基础的管理者薪酬补偿假说。

1. 堑壕假说

管理层堑壕假说认为设立反收购条款是公司管理层自利动机的表现，其主要作用表现为保护管理层（Bates 等，2008；Hwang and Lee，2012；Cohen and Wang，2013；Straska and Waller，2014；陈玉罡和石芳，2014）。控股股东堑壕假说认为反收购条款在保护管理层的同时，也巩固了控股股东的地位，从而为大股东掏空行为提供了庇护（Johnson，2000；Cuervo，2002；陈玉罡等，2016）。

2. 股东利益假说

股东利益假说认为设立反收购条款是出于股东利益的考虑，可以向投资者传递出管理层对于企业长期经营和发展有信心的积极信号（Stein，1988；Straska and Waller，2014；Johnson 等，2015；Heron and Lie，2006；李善民等，2016；顾慧莹等，2017；罗进辉等，2018）。

3. 管理者薪酬补偿假说

管理者薪酬补偿假说认为反收购策略也被认为是管理者投入人力资本和社会资本后给予管理者薪酬的补偿（Chakraborty and Arnott，2000；Aghion and Tirole，1997；Chintrakarn 等，2013）。

三、反收购条款的经济后果

学者们最先关注的是单一反收购条款的经济后果研究，相关学者分别研究毒丸计划（Ryngaert，1988；Danielson and Karpoff，2006；Arikawa and Mitsusada，2008）、错列董事会（Bebchuk，Coates and Subramanian，2002；Bertrand and Mullainathan，2003；Bebchuk and Cohen，2005；Chintrakarn 等，2013）、金色降落伞和高管薪酬（Brusa 等，2009；Bebchuk 等，2014；Chen，2011）、白衣骑士员工持股计划（Bertrand and Mullainathan，2003；Pagano and Volpin，2005；Rauh，2006；Cresson，2007）、提高负债比例（Berger 等，1997；Jandik and Makhija，2005；Chang 等，2014）等反收购条款的经济后果，但是相关学者往往会得出不一致的研究结论。Bebchuk 等（2002）认为这是因为早期的研究仅仅考虑一种反收购策略，而现实中目标公司往往同时采用多种反收购策略。随着研究的深入，部分学者开始关注整体反收购条款的经济后果研究（Sokolyk，2011；Giroud and Mueller，2011；Holmén 等，2014；Ertugrul 等，2015；Bhojraj 等，2017；Chemmanur and Tian，2018），而并不仅仅局限于单个反收购条款。

涉及反收购条款经济后果的具体内容，主要包括对并购结果（Bebchuk 等，2009；Agrawal and Knoeber，1998；Sokolyk，2011；Goktan and Kieschnick，2012）、财务绩效（Chintrakarn 等，2013；Chaudhuri and Seo，2010）、市场反应（Core 等，2006；罗进辉等，2018）、公司内部

治理（许金花等，2018；李善民等，2016；Cohen and Wang，2013）、企业创新（Atannassov，2013；Karpoff and Wittry，2017；Chemmanur and Tian，2018）、企业价值（Schepker 等，2016；Sanjeev 等，2017）等方面的研究。

1. 反收购条款对并购结果的影响研究

并购结果方面，学者们主要关注反收购条款对并购概率的影响研究（Comment and Schwert，1995；Rauh，2006；Goktan and Kieschnick，2012；Sokolyk，2011；Chen 等，2016）以及对并购溢价的影响研究（Ertugrul，2015；Heron and Lie，2015；Chintrakarn 等，2013；Holmén 等，2014）。

（1）对并购概率的影响研究

部分学者认为反收购条款与并购概率呈正向相关关系（Bhagat and Brickley，1984；Sokolyk，2011；Goktan and Kieschnick，2012）。Bhagat and Brickley（1984）认为累积投票制可以提高少数股东选举自己代表的能力，因此降低并购成本，与并购概率正相关。Bebchuk 等（2002）、Coates（2001）、Daines and Klausner（2001）在此基础上进一步分析发现除了累积投票制对并购概率有正向影响，错列董事会条款也有正向影响。更多学者研究发现金色降落伞和薪酬计划等条款与并购概率也存在正相关关系（Sokolyk，2011；Goktan and Kieschnick，2012）。

与之相反，部分学者研究发现反收购条款与并购概率呈负相关关系（Bebchuk and Cohen，2005；Daines and Klausner，2001；Sokolyk，2011）。一部分学者立足于单一反收购条款视角，研究发现毒丸计划、绝对多数条款、错列董事会、董事会责任、章程修改限制与并购概率呈负相关关系（Comment and Schwert，1995；Bebchuk 等，2009；Bates

等，2008；Frakes，2007；Bebchuk and Cohen，2005；Daines and Klausner，2001；Sokolyk，2011）。更有学者研究发现白衣骑士、员工持股计划与并购概率负向相关（Rauh，2006；Chen 等，2016）。另一部分学者立足于反收购条款整体指标，研究发现反收购条款整体指标与并购概率呈负相关关系（Compers，2003；许金花等，2018）。

更有学者并不是立足于具体的反收购条款内容，而是从反收购条款的数目出发，研究反收购条款的数目对于并购概率的影响，结果发现二者之间并没有显著影响，但是分层董事会和毒丸条款的组合是最强的反收购措施（Sokolyk，2011）。

（2）对并购溢价的影响研究

对并购溢价的影响研究，相关学者得到了不同的研究结论。Danielson and Karpoff（2006）研究发现毒丸计划与并购溢价正相关，Heron and Lie（2015）的研究也支持这一结论。Sokolyk（2011）研究发现金色降落伞和薪酬计划等条款与并购溢价同样呈正相关关系。

有的学者依据分层董事会作为研究对象，研究发现分层董事会与并购溢价负相关（Chintrakarn 等，2013；Bebchuk and Cohen，2005）。有的学者并不是依据单一指标，而是立足于反收购条款整体指标，研究发现反收购条款指标与并购溢价负相关（Bebchuk and Cohen，2005；Bebchuk 等，2009）。

2. 反收购条款对财务绩效的影响研究

财务绩效方面，学者们主要关注反收购条款对短期财务绩效（Danielson and Karpoff，2006；Core 等，2006；Giroud and Mueller，2011）、长期财务绩效（Hebb and Maclean，2006；Chintrakarn 等，2013；Chaudhuri and Seo，2010；Bebchuk 等，2013；Chen 等，2016）、投资效率（Gormley and Matsa，2016；徐明亮和袁天荣，2018）等三方

面影响。

（1）对短期财务绩效的影响研究

Danielson andKarpoff（2006）认为"毒丸计划"与短期财务绩效呈正相关关系，陈玉罡（2015）的研究也发现累积投票制可以提升公司短期绩效。但是立足于反收购条款的综合性指标，研究结果与之相反，研究发现反收购条款指标与短期财务绩效呈负相关关系（Giroud and Mueller，2011；Core 等，2006）。

（2）对长期财务绩效的影响研究

多数学者研究发现"毒丸计划"与长期财务绩效呈正相关关系（Ryngaet，1988；Danielson and Karpoff，2006），而在中国资本市场中，很少有企业在公司章程中设置"毒丸计划"。对于分层董事会条款，很多学者研究发现与长期财务绩效呈负相关关系（Chintrakarn 等，2013；Chaudhuri and Seo，2010）。学者对于"白衣骑士"反收购策略有不同的认识，Chen 等（2016）认为"白衣骑士"与长期财务绩效呈负相关关系，而 Smiley and Stewart（1985）则认为"白衣骑士"与长期财务绩效呈正相关关系。

（3）对投资效率的影响研究

国内外学者对投资效率的影响研究并没有形成一致性的定论。徐明亮和袁天荣（2018）研究发现分层董事会能够显著提升上市公司的投资效率，而 Gormley and Matsa（2016）则得出了与之相反的研究结论，研究发现反收购条款的设置阻碍了控制权市场治理作用的发挥，管理层可能会进行无效率的资本性支出，导致资本回报率下降。

3. 反收购条款对市场反应的影响研究

市场反应反映了投资者对管理者进行反收购行为的认可程度，然而由于投资者对管理者进行反收购策略动因的认知差异，众多实证研究结果显示投资者对反收购策略的反应结果是不一致的。

大部分学者都认为反收购条款的短期市场反应为负。Schepker 等（2016）研究发现"毒丸计划"实施后短期市场反应为负，Guo 等（2008）研究发现分层董事会实施后短期市场反应为负，Chintrakarn 等（2013）和 Bebchuk and Cohen（2005）也支持这一观点，进一步研究发现分层董事会使得企业长期业绩下降，市场反应为负。Brusa 等（2009）研究发现金色降落伞实施后短期市场反应为负。Huson 等（2010）研究发现"白衣骑士"在已有恶意收购方压力下的定向增发折价率很高，市场反应为负，Chen 等（2016）也支持这一观点。对于员工持股计划这一类的反收购条款，Cresson（2007）、Banerjee and Owers（1992）研究发现员工持股计划实施后的市场反应为负。而邓伟等（2019）立足于综合性的反收购条款，研究发现反收购条款会降低机构投资者的持有比例和交易比例，进而降低股价信息含量，对于市场也不是一个积极信号。

但也有小部分学者认为反收购条款的短期市场反应为正。Caton and Goh（2011）侧重研究以"毒丸计划"为代表的反收购条款，研究发现"毒丸计划"实施后短期市场反应为正。Core 等（2006）并不是集中于具体的某一类反收购条款，而是构建多类型的反收购条款指标，研究发现反收购条款指标实施后市场反应为正（Core 等，2006；罗进辉等，2018）。

4. 反收购条款对公司内部治理的影响研究

公司内部治理方面的内容涉及比较广泛，包括对管理者行为的影响（Arikawa and Mitsusada，2008；Harris and Madura，2010；Chintrakarn 等，2013）、对高管董事轮换的影响（Faleye，2007；袁天荣等，2018；程瑜，2014）、对中小股东权益保护的影响（Qian and Zhao，2011；许

金花等，2018；李善民等，2016）、对代理成本的影响（Bebchuk and Cohen，2005；Faleye，2007；程瑜，2014；Giroud and Mueller，2011；陈玉罡等，2018；Cohen and Wang，2013）等方面的研究。

（1）对管理层行为的影响研究

对管理层行为的影响研究主要集中在以下两个方面。一方面是出于公司管理层的自身利益，Arikawa and Mitsusada（2008）、Bebchuk 等（2009）研究发现"毒丸计划"是任期较长的 CEO 保障自身职位的最好方式。Chintrakarn 等（2013）、Bebchuk and Cohen（2005）研究发现分层董事会条款增强了管理层"壕沟防守"效应。另一方面，也有学者认为设置反收购条款，有利于管理层更关注企业长期绩效，并会为股东争取更好的收购溢价（Harris and Madura，2010），有利于管理者采取更多对公司长期发展有利的积极政策（Bertrand and Mullainathan，2003）。公司在首次公开募股（IPO）时更愿意在章程中加入反收购条款，传递了公司管理层对公司长期稳定经营承诺的信号（Johnson 等，2015）。

（2）对高管、董事轮换的影响研究

大部分学者都认为反收购条款降低了高管、董事的更换频率。Faleye（2007）研究发现分层董事会与 CEO 更换概率负相关。袁天荣等（2018）支持这一观点，研究发现分层董事会有利于降低高管的非正常变更。程瑜（2014）进一步验证其影响路径，研究发现累积投票制度、董事轮换制、董事提名权等通过第一大股东及董事长的更换来影响控制权转移概率。

（3）对中小股东权益保护的影响研究

在我国"一股独大"现象比较显著的背景下，大股东对于中小股东的"掏空"行为在资本市场中比较常见，所以我国学者更侧重于对中小投资者权益保护的影响研究。

　　陈敏（2007）研究发现累积投票制在保护中小股东权益方面作用有限。张宝华等（2012）、吴磊磊等（2011）不支持上述观点，认为累积投票制在保护中小股东权益方面选出自己利益代表人的可能性更大。Qian and Zhao（2011）也认同累积投票制的积极作用，研究发现累积投票制能够显著降低上市公司的掏空水平。许金花等（2018）、李善民等（2016）也支持反收购条款的积极作用，认为法律监管和外部审计作为公司外部治理机制，与章程条款的内部治理之间表现出一定程度的替代效应，反收购条款的设立在实践中发挥了投资者保护作用。

　　但反收购强度并不是越大越好，许金花等（2018）研究发现大股东的掏空行为随着反收购强度的增强而加剧。在过度防御的条件下，反收购条款并没有起到保护中小股东的积极作用，反而会加剧大股东的掏空行为。所以也更值得本书聚焦于反收购条款过度防御这一现实问题，进行深入研究与探讨。

　　（4）对代理成本的影响研究

　　郑志刚等（2011）虽然研究发现提名董事条款和累积投票制对代理成本、代理效率没有显著影响，但是更多的学者研究发现反收购条款对代理成本有显著影响。部分学者认为累积投票制增加了代理成本（Danielson and Karpoff，1998；程瑜，2014）。更多的学者研究发现分层董事会加大代理问题的严重程度（Bebchuk and Cohen，2005；Faleye，2007；程瑜，2014；Giroud and Mueller，2011；陈玉罡等，2018；Cohen and Wang，2013）。但也有部分学者持相反意见，认为反收购条款降低了代理成本（Jensen and Ruback，1983；Mikkelson and Partch，1997；Kini，Kracaw and Mian，2004；倪意，2009）。综上所述，反收购条款对于代理成本的影响研究并没有形成统一结论，值得进一步思考与研究。

5. 反收购条款对企业创新的影响研究

一部分学者认为反收购条款对企业创新有抑制作用（Meulbroek 等，1990；Atannassov，2013）。Meulbroek 等（1990）发现"驱鲨剂"条款容易导致管理层短视，出现长期资产和研发投入减少的情形，进一步助长管理层懒惰，促使隐性代理成本增加。Atannassov（2013）以 1976—2000 年共 13339 家美国公司为样本进行分析，研究发现与没有通过反收购条款的州相比，通过了反收购条款州的公司不仅专利产出数量减少，而且专利质量也有所下降。Karpoff and Wittry（2017）对 Atannassov（2013）的研究产生了质疑，主要是对州层面的反收购条款的选取存在疑问，认为只有"毒丸法"和"1989 阿曼达法庭裁定"这两项条款有助于防御收购，而企业合并法等相关法律并不能有效增强公司的反收购能力。

Chemmanur and Tian（2018）的研究则支持了反收购条款对企业创新的支持作用结论，研究发现采用更多反收购条款的企业，其创新能力更强，且反收购条款与企业创新能力两者之间有正向因果关系。Sapra（2014）则研究发现企业创新与被收购压力之间存在一种 U 形关系，这种关系主要来源于管理控制权私利与期望收购溢价之间的交互作用。

反收购条款对企业创新的影响研究，目前参与研究的人员还未得出一致意见。主要原因包括：第一，美国对于反收购的立法曾颁布了多项法律，以及各州有自身独立的立法等。这些法律的立法宗旨大致相同，但各州对于反收购立法的态度上是不尽相同的，这很可能在研究结果上出现相应的偏差。第二，学者们选取的不同样本时间间隔差异较大，可能会对结果产生不同的影响。

6. 反收购条款对企业价值的影响研究

部分学者认为反收购条款对企业价值有消极影响（Schepker 等，2016；Gompers 等，2003；Bebchuk and Cohen，2005；陈玉罡和石芳，2014）。Schepker 等（2016）研究发现"毒丸计划"实施后长期市场财富效应为负，说明资本市场总体认定管理者壕沟效应大于管家效应。Cohen and Wang（2015）、Cohen and Wang（2017）运用自然实验法对分层董事会进行研究后发现这一制度降低了公司价值。

另一部分学者认为反收购条款对企业价值有积极影响（Sanjeev 等，2017；Cremers 等，2017；Stráska and Waller，2014）。Sanjeev 等（2017）认为反收购条款可以保护公司长期目标的实现，帮助其更好地抵御短期市场压力，使这些公司不太可能为了迎合投资者进行真实盈余管理活动。Cremers 等（2017）研究发现分层董事会促使公司管理层愿意去做长期项目，并且与利益相关者形成稳定利益绑定关系，从而为公司带来价值提升。Stráska and Waller（2014）认为反收购条款不一定降低企业价值，对于谈判能力弱的公司，反收购条款的主要作用是提高公司的谈判能力。

反收购条款对企业价值的影响研究，目前参与研究的人员还未得出一致意见。但是 Gormley and Matsa（2016）研究发现防御能力较强的公司更喜欢做出次优化投资决策或者进行价值毁损的并购，出现建立帝国的倾向。这一研究也说明反收购条款过度防御是一个比较严重的问题，会对企业价值造成不利影响，值得本书展开进一步研究。

四、影响反收购条款的情境因素

本书的研究立足于不同情境因素进行分析，考虑到管理者特征、制度环境与股权结构都是重要影响因素，形成一个多因素动态的研究框架。

1. 以管理者特征为基础的情境分析

（1）以管理者权力为基础的情境分析

管理者可以通过首席执行官（CEO）与董事长两职合一、建立同盟、增加管理者任期等方式获得相应权力，保护自身地位（Westphal and Zajac，1995）。随着大型机构投资者和财务分析师数量以及持股比例的增加，股东权力逐渐上升，管理者权力逐渐受到限制（Appel 等，2016）。一般情况下，在比较完善的公司治理结构下，管理者的行为受到董事会和监事会的监督，这都会显著降低管理者自主决策权（Jenkinson and Ljungqvist，2001；Guo 等，2008）。

（2）以管理者个人特征、心理特征为基础的情境分析

管理者普遍存在过度自信的心理特征（Wolosin 等，1973），而管理者的自信水平一般比较高（Landier 等，2004），这一影响管理者行为的假定性因素特别容易被忽视。现有研究围绕管理层过度自信进行如下研究，姜付秀等（2009）研究管理者过度自信和企业总投资水平、内部扩张之间的关系，孙光国和赵健宇（2014）研究管理层过度自信对会计稳健性的影响，以上学者的研究都集中于管理者过度自信与企业投资方面的研究，而对于反收购条款过度防御的影响尚未涉及。

2. 以制度环境为基础的情境分析

（1）以正式制度环境为基础的情境分析

表现为不同国家或地区之间的反收购策略使用差异。Ryngaert and

Scholten（2010）研究发现当增强对使用反收购策略管理者的法律保护后，目标公司更倾向于使用防御型反收购策略，而减少使用对抗型措施。

（2）以非正式制度环境为基础的情境分析

主要利益相关者认可的非正式制度（Thomas and Cotter，2007），对于中国上市公司是非常常见的。尤其是在公司章程自治的背景下，上市公司特别容易出现"跟风现象"。上市公司纷纷设置"过度防御"反收购条款，彼此心照不宣，牢牢把控公司控制权，站在道德制高点，抵御上市公司眼中的"门口的野蛮人"。所以本书更倾向于立足于非正式制度环境，聚焦反收购条款过度防御的经济后果研究。

3. 以股权结构为基础的情境分析

以股权结构为基础的情境分析，更集中于机构投资者视角。引入机构投资者是缓解控股股东与中小股东之间冲突的重要机制（Luo 等，2013）。不同于中小投资者，机构投资者有专业能力监督约束控股股东的侵权行为，追求公司价值最大化（Grossman and Hart，1980；Shleifer and Vishny，1986）。

五、文献述评

综上所述，现有研究为我们全面认识反收购条款的衡量指标、设立动因及经济后果奠定了基础，但是缺少与我国反收购条款过度防御现实背景的深入结合，而对反收购条款如何影响财务决策更是缺乏深入思考，主要表现为：第一，现有反收购条款的衡量指标不能准确反映反收购条款的真实效应。现有指标直接使用公司设置的反收购条款，忽略了我国公司章程自治现实背景下，反收购条款表现出的"过度防御"的核心特征，并不能真实反映其效应。第二，对经济后果的影响主要集中于对并购结果、财务绩效、市场反应、公司内部治理等方面的研究，对公司投资决策、企业价值的影响关注较少。不利于评价反收购条款过度防御的实施效果，也不利于对企业财务决策中存在的风险进行检测与防控。第三，对整体静态的反收购条款讨论得较多，而对于反收购条款的异质性、多情境分析缺乏深入思考。这将不利于系统理解反收购条款过度防御的影响机理、设立逻辑。

第四节 研究思路与内容、研究方法

一、研究思路与内容

相对于美国、英国对反收购行为比较中立的立法态度，我国的立法空间相对比较挤压，我国上市公司趋向于选择预防性反收购策略，即在公司章程中设置反收购条款。同时由于我国"公司章程自治"的现实背景，我国上市公司设置的反收购条款表现出"过度防御"的核心特征。本书的相关研究围绕"反收购条款过度防御"这一核心问题展开。

为了深入探讨上市公司章程中反收购条款"过度防御"这一核心问题，从根本上解决提高上市公司章程质量这一现实问题，本书立足于中国上市公司反收购条款披露现状与法律效力分析，构建反收购条款过度防御作用机理分析框架，包括内部结构化分析和外部功能化分析两部分。内部结构化分析依据判断反收购条款法律效力的标准，投服中心依法行权的行政函的具体内容，构建反收购条款过度防御的指标体系，剖析其可能产生的内部特征及原因。外部功能化分析强调将对企业价值的影响机理纳入一个完整的研究框架，全面、系统、深入地分析反收购条款过度防御对企业创新，乃至对整个企业价值的影响作用、传导路径、反馈机制，为系统研究反收购条款过度防御提供理论支撑。据此，在明确反收购条款过度防御的内涵与外延的基础上，设计过度防御反收购条款的指标体系，结合我国沪深两市 2007—2018 年上市公司数据，进行经济后果实证分析，以探究提高公司章程质量的实现路径。根据研究结论提出提高上市公司章程质量的"三位一体"政策建议。

本书结构研究设计图如图 1-1 所示。

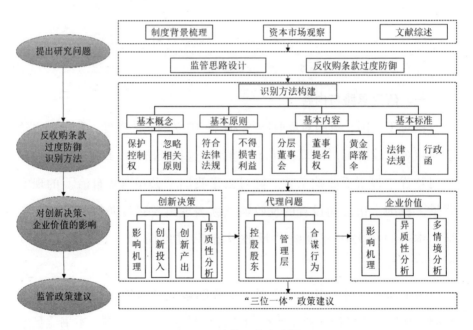

图 1-1 结构研究设计图

主要的章节设计如下所示：

第一章，绪论。主要介绍研究背景和意义、相关概念界定、文献综述、研究思路、研究方法和研究创新点，对本书的研究进行整体性介绍。在国内外相关文献回顾中，主要从反收购条款及其过度防御、反收购条款设立动因、反收购条款经济后果、影响反收购条款的情境因素四个方面进行了整体回顾，通过对前人文献的分析、梳理，为本书的进一步研究提供了明确的方向。

第二章，反收购条款披露现状分析。收集我国沪深两市 2007—2018 年上市公司章程数据，研究发现上市公司章程中设置的反收购条款并未出现新的类型，但是反收购条款内容有较大变化，其变化主要集中于董事候选人提名条款、分层董事会条款和金色降落伞等条款。进一步剖析这三类条款的法律效力，发现存在反收购条款过度防御的现象，而本书的研究重点集中反映在反收购条款过度防御问题。

第三章，反收购条款过度防御作用机理分析。在相关理论包括股东权益理论、企业社会责任理论、堑壕理论的基础上，分析反收购条款过度防御的重要性。构建反收购条款过度防御作用机理分析框架，包括内部结构化分析和外部功能化分析两部分。内部结构化分析依据判断反收购条款法律效力的标准，进行具体条款的法律效力分析和反收购效果分析，剖析其可能产生的内部特征及原因。外部功能化分析强调将企业价值反馈纳入一个完整的研究框架内，全面、系统、深入地分析反收购条款过度防御对企业创新，乃至对整个企业价值的影响作用、传导路径、反馈机制，为系统研究反收购条款过度防御提供理论支撑。内部结构化分析与外部功能化分析二者有机结合，为系统研究反收购条款过度防御提供理论支撑。

第四章，在作用机理分析的基础上，构建反收购条款过度防御指标体系，包括过度防御概念的内涵与外延，过度防御指标体系的构建流程以及投服中心对反收购条款的有效监管。重点强调确定指标体系的基本内容，根据上市公司章程的修订内容，与投服中心特色维权服务案例相结合，确定指标体系基本内容包括董事候选人提名权、分层董事会、金色降落伞三类条款。在此基础上，确定指标体系的基本标准，将《公司法》《上市公司收购管理办法》的具体条款的要求与投服中心行权函的内容相结合，确定每一类条款的基本标准。

第五章，上市公司反恶意并购案例研究。以康达尔反京基恶意并购和伊利股份反阳光保险恶意并购双案例为基础，立足于案例公司基本情况介绍、并购反并购过程介绍、案例反并购策略分析、案例研究启示四个分析流程环节，重点分析反并购的动因、成功失败原因、反并购的策略和研究启示等四方面的内容，让内外部投资者更深入了解反收购事件对资本市场的影响。

第六章，实证检验了反收购条款过度防御对企业创新的影响机理。研究发现反收购条款过度防御对企业创新具有显著负效应，其制约机制体现为显著增加了企业的代理成本，管理层倾向于选择简单保守的投资策略，而不是高风险的创新性策略。进一步研究发现，反收购条款过度防御对创新的抑制作用在高科技企业、竞争激烈程度高的企业中更显著，在管理层能力高水平企业中不显著。本章研究结论为上市公司合理设置反收购条款并充分发挥其价值效应提供了明确的经验证据。

第七章，实证检验了反收购条款过度防御对企业价值的影响机理。使用 PSM-DID 准自然实验方法，研究发现反收购条款过度防御对企业价值有显著抑制作用，进一步研究发现其抑制作用体现为显著增加了第一类代理成本和第二类代理成本，同时，管理层薪酬业绩关联度和管理层离职业绩关联度水平也进一步降低，说明控股股东更可能与管理层合谋而加重了代理问题。本章的研究结论为上市公司合理设置反收购条款提供了法律与经济的双重经验证据，对投服中心等创新型的监管方式亦有重要意义。

第八章，研究结论、政策建议与研究展望。对本书进行了总结，指出了未来研究方向，并依据研究结论和反收购条款过度防御分析框架，提出"公司治理、股权制衡、政府监管"三位一体的保障公司章程质量的政策建议。

二、研究方法

以反收购条款相关法律法规为指导，采用实际调查、理论研究、实证研究三位一体的综合方法，进行系统的研究。

1. 实际调查

（1）采用调查问卷和专题访问的形式，选择制定反收购条款比较有代表性的企业进行专题调查，了解它们制定反收购条款的程序、实施反收购条款过程中存在的问题以及修改反收购条款的程序。

（2）对公开发布的反收购条款进行数据收集和补充，立足于投服中心公布的股东质询函内容，对反收购条款指标的内容、标准都进行确认，构建反收购条款过度防御的识别方法。

（3）典型案例剖析，对以康达尔案件为代表的企业事件进行典型案例分析。

2. 理论研究

（1）使用归纳演绎法，结合现有文献和现实情况，明确监管思路，构建反收购条款过度防御的指标体系，提出章程管控政策。

（2）理论分析方法，借鉴堑壕假说和长期价值假说，进一步分析反收购条款过度防御对企业投资决策、企业价值的影响机理。

3. 实证研究

（1）对反收购条款过度防御进行量化处理。

（2）利用 Logit 模型检验反收购条款过度防御的驱动因素，有利于进行 PSM 的内生性检验。

（3）利用 PSM-DID 方法、多元回归分析方法检验反收购条款对企业创新、代理问题、企业价值的影响机理。

（4）分组检验方法完善反收购条款异质性分析、多情境分析框架。

第五节　研究创新点

本书对已有研究具有以下三点贡献。

第一，构建反收购条款过度防御的识别方法，实现中国情景化的研究。现有研究主要通过单一反收购条款或构建反收购条款指数对其进行衡量，而忽略了过度防御的中国情景化特征。本书将相关法律规定与投服中心维权案例相结合，构建反收购条款过度防御的识别方法，实现中国情景化的研究。

第二，立足于过度防御这一新的研究视角，厘清反收购条款过度防御对企业投资决策的作用机理。现有研究直接以反收购条款为研究对象，并没有考虑到过度防御这一现实背景。本书立足于反收购条款过度防御这一新的研究视角，厘清其对企业创新的作用机理，进一步分析其对企业价值的综合影响。

第三，聚焦反收购条款过度防御的经济后果，丰富企业投资决策的研究成果。现有研究在讨论经济后果的问题上，没有形成层层递进的分析逻辑，且忽略了对反收购条款异质性、情境化特征的讨论。本书立足于多情境分析框架，聚焦于反收购条款过度防御对企业创新的影响，进一步剖析其对代理成本、企业价值的影响，有助于丰富企业投资决策的研究成果。

第二章　反收购条款披露现状分析

2005 年国家分别修订了《公司法》与《证券法》，2006 年修订了《上市公司收购管理办法》，这些法律和规章的修订为上市公司收购创造了良好的法律环境。随着 2007 年股权分置改革的完成，上市公司的股票流动性有了很大的提高，通过交易并购上市公司股权成为可能。而随着 2016 年大名鼎鼎的"宝万之争"的发生，2017 年上市公司为了应对并购浪潮，有 600 多家上市公司在章程中加入了反收购条款。

通过对 2007—2018 年我国沪深两市上市公司章程进行收集与分析，研究发现上市公司章程中设置的反收购条款并未出现新的类型，但是反收购条款内容有较大变化，其变化主要集中于董事候选人提名条款、分层董事会、金色降落伞三类条款。本章主要对以上三种类型反收购条款的具体设置情况进行统计，研究发现不同类型的反收购条款有不同的特征，在现实披露情况的基础上，结合现行法律法规探讨反收购条款法律效力的标准，以期为制定合理的反收购条款过度防御标准提供现实与法律的双重依据。

第一节 董事候选人提名条款

董事候选人提名权是指在上市公司董事会换届或更换董事会成员或增加新董事会成员时,股东有权向股东大会推荐拟进入董事会的人选,并提交股东大会决议的一项非常重要的公益权。董事候选人提名权是股东在选聘公司管理者时享有的一项主动权,董事候选人选举权是股东在选聘公司管理者时享有的一项被动权。因此,董事候选人提名权比董事候选人选举权更重要。因此,上市公司章程中的董事候选人提名条款成为相关利益者争夺的焦点。

上市公司章程限制股东推荐董事候选人的方法主要有三种:一是增加享有董事候选人提名权股东的持股比例,二是增加享有董事候选人提名权股东的持股时间,三是直接规定限制恶意收购方的董事候选人提名权。

一、股东持股比例

我国相关法律并未对股东享有董事候选人提名权的持股比例有直接规定,但有其他相关规定如表2-1所示。

表2-1 董事候选人推荐权的持股比例相关规定

相关法律	具体认定
《公司法》第102条第2款	单独或者合计持有公司3%以上股份的股东,可以在股东大会召开十日前提出临时提案并书面提交董事会

续表

相关法律	具体认定
《上市公司章程指引》 第53条	公司召开股东大会，董事会、监事会以及单独或者合并持有公司3%以上股份的股东，有权向公司提出提案
《上市公司章程指引》 第82条	董事、监事候选人名单以提案的方式提请股东大会表决

根据上述相关规定，学界一般认为："单独或者联合持有公司3%以上股份的股东享有董事候选人提名权，并以提案的方式提请股东大会投票选举"。

本书在收集样本上市公司章程中也发现，大约有48%的上市公司章程将持股比例3%作为股东提案权的基本条件，但仍有52%的上市公司在具体章程设置比例中存在不规范现象，董事候选人提名权的持股比例最低为1%，最高为30%，其具体设置内容如表2-2所示。由此可见，上市公司章程中规定享有董事候选人提名权的股东持股比例，不仅出现不规范现象，甚至与现行法律、法规和规章制度不一致，存在严重冲突。

表2-2　董事候选人推荐权的持股比例异常案例

异常比例	异常案例支撑
董事候选人提名权 的持股比例最低为1%	2017年4月《浙富控股章程》（002266）第82条规定："单独或者合并持有公司有表决权股份总数1%以上的股东享有董事候选人提名权"
董事候选人提名权 的持股比例最低为30%	2017年3月《雅化集团章程》（002497）第97条规定："单独持有或合并持有公司发行在外股份总数的30%以上有表决权的股东才享有董事候选人提名权"

对于高持股比例的上市公司进一步精细化分析，研究发现占比21.7%的上市公司在章程中规定股东单独或者合计持有公司5%股份作为股东提案权的基本条件，占比15.2%的上市公司在章程中规定股东单独或者合计持有公司10%股份作为股东提案权的基本条件，占比6.1%的上市公司在章程中规定股东单独或者合计持有公司20%股份作为股东提案权的基本条件。其具体情况如图2-1所示。

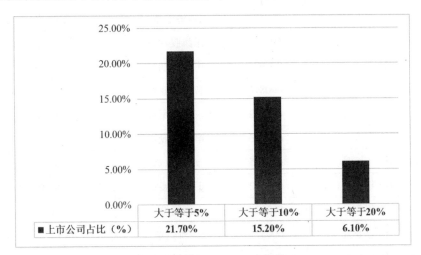

	大于等于5%	大于等于10%	大于等于20%
■上市公司占比（%）	21.70%	15.20%	6.10%

图2-1　高持股比例上市公司统计图

本书进一步分析在章程中规定股东单独或者合计持有公司5%股份、10%股份的具体公司章程。在章程中规定股东单独或者合计持有公司5%股份作为股东提案权的基本条件的上市公司及其部分章程名称和章程条款如表2-3所示。

表2-3　持股比例5%的上市公司章程

章程制定修改日期	股票代码	章程名称	章程条款
2009 年 9 月	600107	美尔雅章程	第 82 条
2014 年 3 月	002043	兔宝宝章程	第 82 条
2014 年 10 月	000153	丰原药业章程	第 82 条

续表

章程制定修改日期	股票代码	章程名称	章程条款
2014 年 12 月	000416	民生控股章程	第 82 条（一）
2015 年 3 月	300074	华平股份章程	第 82 条、第 96 条
2015 年 3 月	600125	铁龙物流章程	第 82 条
2015 年 5 月	000573	粤宏远 A 章程	第 85 条
2015 年 7 月	600130	波导股份章程	第 96 条
2015 年 9 月	000507	珠海港章程	第 82 条
2015 年 9 月	600135	乐凯胶片章程	第 98 条
2016 年 4 月	000996	中国中期章程	第 85 条
2016 年 5 月	000816	智慧农业章程	第 86 条（二）
2016 年 6 月	000632	三木集团章程	第 82 条
2016 年 6 月	600653	申华控股章程	第 82 条
2016 年 6 月	600405	动力源章程	第 98 条
2016 年 6 月	000592	平潭发展章程	第 85 条
2016 年 7 月	002319	乐通股份章程	第 80 条
2016 年 8 月	600571	信雅达章程	第 82 条
2016 年 9 月	600851	海欣股份章程	第 82 条
2016 年 10 月	600193	创兴资源章程	第 82 条（一）
2016 年 11 月	000948	南天信息章程	第 82 条（二）
2016 年 12 月	600110	诺德股份章程	第 83 条（一）
2017 年 2 月	603169	兰石重装章程	第 82 条
2017 年 2 月	002207	淮油股份章程	第 32 条
2017 年 3 月	601678	滨化股份章程	第 84 条（二）
2017 年 4 月	603099	长白山章程	第 84 条（二）
2017 年 4 月	600843	上工申贝章程	第 82 条
2017 年 4 月	000509	华塑控股章程	第 82 条
2017 年 4 月	600330	天通股份章程	第 88 条

续表

章程制定修改日期	股票代码	章程名称	章程条款
2017 年 6 月	600598	北大荒章程	第 84 条
2017 年 6 月	600882	广泽股份章程	第 95 条
2017 年 6 月	000502	绿景控股章程	第 83 条
2017 年 6 月	000016	深康佳 A 章程	第 65 条
2017 年 7 月	000055	方大集团章程	第 84 条
2017 年 7 月	002014	恒宝股份章程	第 82 条
2017 年 7 月	600760	中航沈飞章程	第 82 条
2017 年 7 月	600596	新安股份章程	第 83 条
2017 年 7 月	000915	山大华特章程	第 82 条
2017 年 8 月	000726	鲁泰 A 章程	第 82 条
2017 年 8 月	603868	飞科电器章程	第 82 条 （三）
2017 年 8 月	603456	九州药业章程	第 82 条 （一）（三）
2017 年 8 月	000012	南玻 A 章程	第 82 条 （二）
2017 年 8 月	600089	特变电工章程	第 84 条
2017 年 8 月	000930	中粮生化章程	第 82 条 （一）
2017 年 9 月	600689	上海三毛章程	第 82 条
2017 年 9 月	000682	东方电子章程	第 82 条
2017 年 9 月	600645	中源协和章程	第 82 条
2017 年 9 月	000553	沙隆达 A 章程	第 82 条 （一）
2017 年 10 月	600807	天业股份章程	第 82 条
2017 年 10 月	300072	三聚环保章程	第 82 条
2017 年 10 月	000851	高鸿股份章程	第 80 条
2017 年 11 月	600029	南方航空章程	第 188 条、第 221 条
2017 年 11 月	000505	珠江控股章程	第 82 条 （一）
2017 年 11 月	600547	山东黄金章程	第 115 条
2017 年 12 月	600742	一汽富维章程	第 82 条

在公司章程中规定股东单独或者合计持有公司 10% 股份作为股东提案权的基本条件的上市公司及其部分章程名称和章程条款如表 2-4 所示。

表 2-4　持股比例 10% 的上市公司章程

章程制定修改日期	股票代码	章程名称	章程条款
2008 年 4 月	000917	电广传媒章程	第 82 条
2014 年 4 月	600311	荣华实业章程	第 84 条
2015 年 10 月	600375	华菱星马章程	第 82 条
2016 年 4 月	300498	温氏股份章程	第 86 条
2016 年 4 月	000616	海航投资章程	第 82 条
2016 年 8 月	600838	上海九百章程	第 82 条
2016 年 8 月	600186	莲花健康章程	第 82 条（二）
2016 年 9 月	002331	皖通科技章程	第 82 条
2016 年 10 月	600611	大众交通章程	第 82 条
2016 年 11 月	000510	金路集团章程	第 82 条（一）
2017 年 3 月	000516	国际医学章程	第 102 条
2017 年 3 月	002533	金杯电工章程	第 83 条
2017 年 4 月	601228	广州港章程	第 86 条
2017 年 7 月	000790	泰合健康章程	第 82 条（一）
2017 年 9 月	600797	浙大网新章程	第 96 条（二）
2017 年 9 月	000589	黔轮胎 A 章程	第 83 条
2017 年 12 月	600698	湖南天雁章程	第 86 条

综上所述，上市公司章程中对于董事候选人推荐权的股东持股比例规定仍不太规范，大约有超过 40% 的上市公司章程规定持股比例超过 3% 才享有董事候选人推荐权，直接剥夺了部分股东的董事候选人推荐权或提名权，其过度防御的意图非常明显。设置过度防御的反收购条

款，一方面可以保障股东和管理层的长期稳定权益，进行长期有风险性的创新投资，促进企业价值的提升；但另一方面，长期稳定的经营权，可能导致管理层日益懒惰，增加委托代理成本，从而导致比较严重的代理问题，从而减损企业价值。所以，上市公司在章程中设置过度防御的反收购条款，需要引起投资者的关注，探究其是否存在比较严重的代理问题。

二、股东持股时间

我国现行的《公司法》《证券法》《上市公司收购管理办法》等法律法规尚未对股东推荐董事候选人的连续持股时间做出明确规定，但不少上市公司为了阻止恶意收购，在公司章程设计中不仅明确规定股东持股比例，还进一步规定股东连续持股时间。其实质是上市公司企图通过提高股东持股比例、增加股东持股时间等方式，实现反收购目的。而在法律层面，公司章程将股东持股时间作为股东推荐董事候选人的条件是否合法，有待进一步研究与探讨。

通过统计分析 2007—2018 年我国沪深两市上市公司章程，研究发现上市公司章程中设计的股东最低持股时间为 3 个月，而最高持股时间是 5 年。有更多的上市公司在公司章程中规定股东连续持股 90 天以上，或连续持股 180 天以上。其中规定股东必须连续持股 90 天以上的有如下公司章程，具体如表 2-5 所示。

表 2-5 股东连续持股 90 天以上公司章程

章程制定修改日期	股票代码	章程名称	章程条款
2016 年 3 月	002467	二六三章程	第 83 条
2016 年 7 月	300152	科融环境章程	第 80 条（一）

续表

章程制定修改日期	股票代码	章程名称	章程条款
2016 年 11 月	002474	榕基软件章程	第 82 条（一）
2017 年 8 月	000726	鲁泰 A 章程	第 82 条
2017 年 9 月	300436	广生堂章程	第 86 条

更多的上市公司章程设计中规定股东必须连续持股 180 天以上，其反收购的防御力明显强于 90 天，对股东的持股时间有了更高的限定要求。其中规定股东必须连续持股 180 天以上的有如下公司章程，具体如表 2-6 所示。

表 2-6　连续持股 180 天以上公司章程

章程制定修改日期	股票代码	章程名称	章程条款
2013 年 4 月	300029	天龙光电章程	第 82 条
2014 年 11 月	002557	洽洽食品章程	第 82 条
2014 年 12 月	300409	道氏技术章程	第 86 条
2016 年 5 月	300505	川金诺章程	第 82 条
2017 年 4 月	300463	迈克生物章程	第 85 条
2017 年 8 月	000012	南玻 A 章程	第 82 条（二）
2017 年 11 月	600547	山东黄金章程	第 115 条
2017 年 12 月	000065	北方国际章程	第 83 条

有更多的上市公司在公司章程中规定了更为严格的连续持股时间，如 2017 年 6 月《江苏吴中章程》（600200）等 17 家上市公司章程规定连续持股时间为半年以上；2017 年 7 月《方大集团章程》（000055）等 23 家上市公司章程规定连续持股时间为 1 年以上；2015 年 3 月《铁龙物流章程》（600125）规定连续持股时间为 2 年以上；2017 年 6 月《大众公用章程》（600635）规定连续持股时间达到 3 年以上；2016 年 10

月《大众交通章程》（600611）规定连续持股其至达到 5 年以上。总之，大约有 15.2% 的上市公司章程在规定持股比例的基础上，还进一步规定了持股时间，直接剥夺了部分股东的董事提名权，上市公司章程中设置的反收购条款确实存在过度防御现象。

三、限制恶意收购方

限制恶意收购方的董事候选人提名权主要包括两种方法：一是增加恶意收购方持股时间的同时限制董事候选人提名人数；二是增加被提名董事候选人的限制条件，即要求恶意收购方股东推荐的董事候选人与目标公司股东推荐的董事候选人任职条件不同，形成很大的差异。限制恶意收购方董事候选人提名权的具体公司章程如表 2-7 所示。

表 2-7　限制恶意收购方的董事候选人提名权

章程制定修改日期	章程名称	章程条款
2018 年 1 月	格林美章程（002340）第 102 条	若公司被恶意收购并由此导致公司控股股东、实际控制人发生变动的，变动后的公司控股股东、实际控制人在其实际控制公司之日起三年内无权向公司提名累计超过半数的董事人选；非经公司股东大会以特别决议通过，公司修改本章程时不得对本款规定进行修改
2017 年 4 月	凯恩股份章程（002012）第 5.1.2 条第 2 款	在发生公司恶意收购的情况下，为保证公司及股东的整体利益以及公司经营的稳定性，收购及其一致行动人提名的董事候选人应当具有至少五年以上与公司目前（经营、主营）业务相同的业务管理经验，以及与其履行董事职责相适应的专业能力和知识水平

在 2018 年 1 月《格林美章程》中，对于恶意收购方的主要限制条件集中在持股时间方面，章程规定如下："实际控制人其实际控制公司之日起三年内无权向公司提名累计超过半数的董事人选"。而在 2017 年 4 月的《凯恩股份章程》中，其对于恶意收购方的主要限制条件则集中在业务管理经验方面，章程规定如下："收购及其一致行动人提名的董事候选人应当具有至少五年以上与公司目前（经营、主营）业务相同的业务管理经验"。综上所述，对于恶意收购方董事候选人提名权的限制主要集中在以下两方面：一是持股时间方面的限制，要求持股时间三年以上；二是业务管理经验方面的限制，要求提名的董事候选人应当具有至少五年以上与公司目前（经营、主营）业务相同的业务管理经验。

第二节　分层董事会条款

分层董事会条款，是指每年只能依据公司章程规定改选或更换一定比例的董事，而不能改选或更换全部董事，其目的是阻止或延缓恶意收购方获取公司控制权。近年来不少上市公司章程修订都增加了分层董事会条款，通过对 2007—2018 年我国沪深两市上市公司章程进行收集与分析，研究发现大约有 11.9% 的上市公司章程中规定了分层董事会条款，与 2012 年深圳证券交易所公布的 9.4% 的比例相比有所提高。

根据上市公司章程中规定的分层董事会条款的内容特点，将分层董事会条款分为双三分之一条款、双限制条款、禁止解聘条款、单一比例条款以及不同比例条款五种类型，并根据每一种类型特点，整理具体的公司章程案例辅之以验证。分层董事会条款分类结果如表 2-8 所示。

　　在分类研究的基础上，研究发现我国上市公司章程中规定的分层董事会条款中的一些具体内容显得较为严苛，不仅对每届更换董事数量进行限制，对每次更换董事数量进行限制，甚至对董事的类别更换进行限制，更可能直接限制了股东选择董事的权利。

表 2-8　分层董事会条款分类及举例

条款分类	分类具体内容	公司章程实际案例
双三分之一条款	股东大会选举或更换董事或增加新董事不得超过原董事人数的 1/3；股东在任期未满之时，每年更换的董事不得超过董事会组成人数的 1/3；股东大会新增加的股东不能超过原董事会人员人数的 1/3	2018 年 1 月《豫园股份章程》（600655）第 96 条
双限制条款	上市公司章程规定，不仅对股东大会选举董事人数有明确的限制，而且也对选举程序进行限制；通常的做法是每年更换或增加的董事人数不得超过原董事人数的 1/3 或 1/4 等，同时要求获得出席股东会的股东所持表决权的 2/3 或 3/4	2017 年 9 月《东方集团章程》（600811）第 96 条
禁止解聘条款	上市公司章程规定严格禁止股东大会解聘任期未满的董事，除非该董事提出辞职，出现法律、法规和章程规定的不宜担任董事的情形；这一条款的规定直接剥夺了股东罢免任期未满的董事的权利	2018 年 1 月《三祥新材章程》（603663）第 96 条

续表

条款分类	分类具体内容	公司章程实际案例
单一比例条款	上市公司章程中规定每年更换或改选的董事不得超过董事会总人数的一定比例；比例包括 1/3、1/4、1/5 和 1/7；有些特殊的上市公司，单一比例条款是一个范围限制	采用 1/3 比例的上市公司，2017 年 4 月《浙江震元章程》（000705）第 94 条
		采用 1/4 比例的上市公司，2017 年 7 月《新安股份章程》（600596）第 83 条
		采用 1/5 比例的上市公司，2016 年 10 月《大众交通章程》（600611）第 96 条
		采用 1/7 比例的上市公司，2017 年 9 月《长城动漫章程》（000835）第 96 条
		单一比例条款是一个范围限制，2017 年 4 月《吴江银行章程》（603323）第 118 条
不同比例条款	上市公司章程对任期届满与任期未满的董事更换或改选规定不同的比例；通常的做法是每年更换或改选任期届满的董事不得超过董事会组成人员的 1/3，更换或改选任期未满的董事不得超过董事会组成人员的 1/4	2018 年 1 月《河北宣工章程》（000293）第 122 条

通过对 2007—2018 年我国沪深两市上市公司章程进行收集与分析，可以发现一般公司章程中规定董事会更换和改选的人数每年不超过董事会总人数的 1/3 或 1/4，有很多上市公司章程中进行了类似的比例限定。更换和改选不超过董事会总人数的 1/3 的具体章程如表 2-9 所示，

更换和改选不超过董事会总人数的 1/4 的具体章程如表 2-10 所示。

表 2-9　更换和改选不超过董事会总人数的 1/3 章程

章程制定修改日期	股票代码	章程名称	章程条款
2013 年 5 月	600570	恒生电子章程	第 96 条
2014 年 12 月	600711	盛屯矿业章程	第 102 条
2015 年 5 月	000573	粤宏远 A 章程	第 99 条
2015 年 9 月	000410	沈阳机床章程	第 95 条
2015 年 12 月	002340	格林美章程	第 96 条
2016 年 4 月	600076	康欣新材章程	第 103 条、113 条
2016 年 6 月	600285	羚锐制药章程	第 97 条
2017 年 1 月	000006	深振业 A 章程	第 97 条
2017 年 3 月	002148	北纬科技章程	第 102 条
2017 年 4 月	002405	四维图新章程	第 97 条
2017 年 5 月	300073	当升科技章程	第 99 条
2017 年 5 月	000680	山推股份章程	第 98 条
2017 年 7 月	000779	三毛派神章程	第 96 条
2017 年 8 月	000726	鲁泰 A 章程	第 96 条
2017 年 9 月	002289	宇顺电子章程	第 106 条
2017 年 9 月	000019	深深宝 A 章程	第 85 条
2017 年 10 月	300010	立思辰章程	第 98 条
2017 年 11 月	000970	中科三环章程	第 97 条

表 2-10　更换和改选不超过董事会总人数的 1/4 章程

章程制定修改日期	股票代码	章程名称	章程条款
2016 年 6 月	000009	中国宝安章程	第 96 条
2016 年 12 月	600110	诺德股份章程	第 98 条
2017 年 1 月	002063	远光软件章程	第 99 条

章程制定修改日期	股票代码	章程名称	章程条款
2017 年 4 月	002022	科华生物章程	第 5.4 条
2017 年 7 月	600596	新安股份章程	第 83 条
2017 年 8 月	002559	亚威股份章程	第 94 条
2017 年 8 月	600089	特变电工章程	第 98 条

　　除了规定董事会更换和改选人数与董事会总人数的比例关系，有的上市公司还会规定每年董事会更换和改选的人数，限制董事会每次和每年解除人数，限制董事会每届更换和改选人数。甚至会同时限制每届和每年董事会更换人数，比较典型的上市公司章程如表 2-11 所示。更有些上市公司章程同时限制董事会换届人数和非董事会换届人数，比较典型的上市公司章程如表 2-12 所示。

表 2-11　同时限制每届和每年董事会更换人数章程

章程制定修改日期	股票代码	章程名称	章程条款
2015 年 9 月	000410	沈阳机床章程	第 95 条
2017 年 1 月	600561	江西长运章程	第 96 条
2017 年 4 月	000762	西藏矿业章程	第 96 条
2017 年 9 月	600887	伊利股份章程	第 96 条
2017 年 10 月	000851	高鸿股份章程	第 80 条

表 2-12　同时限制董事会、非董事会换届人数章程

章程制定修改日期	股票代码	章程名称	章程条款
2016 年 4 月	000996	中国中期章程	第 100 条
2017 年 4 月	000762	西藏矿业章程	第 96 条
2017 年 9 月	600887	伊利股份章程	第 96 条

甚至有些上市公司直接将"限制恶意收购"写入公司章程，在限制每年董事更换人数的条件下，同时限制恶意收购董事更换人数，具体情况如表 2-13 所示。

表 2-13　限制恶意收购董事更换人数章程

章程制定修改日期	股票代码	章程名称	章程条款
2016 年 4 月	600076	康欣新材章程	第 103 条
2016 年 8 月	002398	建研集团章程	第 97 条
2017 年 4 月	600556	ST 慧球章程	第 98 条
2017 年 9 月	002289	宇顺电子章程	第 106 条
2017 年 10 月	002828	贝肯能源章程	第 5.1.2 条
2017 年 11 月	002407	多氟多章程	第 101 条
2018 年 1 月	000293	河北宣工章程	第 112 条

在"限制恶意收购"的条件下，有的上市公司在章程中直接规定："董事会新改组或者换届时，应有原董事 2/3 留任"，具体情况如表 2-14 所示。其充分保留原公司的权益，让恶意收购者无法改组董事会。但是"恶意收购"并不是一成不变的，收购同时也是一种外部监督机制，当公司章程中的反收购强度过大，收购行为的外部监督机制也随之失效，对公司内部管理层的监督效应也随之减弱，内部管理层的代理问题也随之发生。

表 2-14　原董事 2/3 留任的公司章程

章程制定修改日期	股票代码	章程名称	章程条款
2016 年 4 月	600076	康欣新材章程	第 103 条
2016 年 8 月	002398	建研集团章程	第 97 条

章程制定修改日期	股票代码	章程名称	章程条款
2017 年 4 月	600556	ST 慧球章程	第 98 条
2017 年 9 月	002289	宇顺电子章程	第 106 条
2017 年 10 月	002828	贝肯能源章程	第 5.1.2 条
2017 年 11 月	002407	多氟多章程	第 101 条
2018 年 1 月	000293	河北宣工章程	第 112 条

还有 3 家上市公司的分层董事会条款内容设置得格外严格,从非独立董事、非职工董事、非职工监事等方面限制其更换和改选,具体章程内容如表 2-15 所示。

表 2-15 分层董事会章程设置得格外严格的上市公司

章程制定修改日期	章程名称	章程条款
2017 年 4 月	《四维图新章程》第 97 条	董事会每年更换和改选的非独立董事人数不超过非独立董事总人数的 1/3
2017 年 4 月	《ST 坊展章程》第 82 条	董事、监事候选人名单以提案的方式提请股东大会表决;每年改选不超过非职工董事的 1/3、非职工监事的 1/2;董事或监事任期届满或辞职的情形除外
2017 年 5 月	《大众公用章程》第 138 条	每届董事会中除独立董事和职工代表董事以外的其他董事更换比例不得超过董事会中其他董事成员总数的 1/5

综上所述，我国对于董事人数改选的限制，远远超出了英美等国家的分级分期董事会条款，其有更严格的约束性条件，总体情况可以概括为：

①对每年更换董事数量进行限制，限制条件较为严格；②对每届更换董事数量进行限制，限制条件较为严格；③对每次更换董事数量进行限制，限制条件较为严格；④对在非换届情况下更换董事数量进行限制，限制条件较为严格；⑤对董事的类别更换进行限制，限制条件十分严格。

前四种情况包括对所有董事的更换，最后一种情况针对的是特定董事的更换，这使得更换董事变得更为困难，反收购条款过度防御现象更为显著。

第三节　金色降落伞条款

"金色降落伞"条款在 1961 年首次出现在美国环球航空公司与其董事会主席签订的劳动合同里。根据劳动合同的具体内容，如果公司解雇董事会主席，他将根据合同约定获得一笔丰厚的经济补偿，人们形象地称为"金色降落伞"（Golden Parachute）。20 世纪 80 年代，美国掀起公司并购浪潮，目标公司管理层为了应对被解雇的风险，不少公司与管理层签订劳动合同时都规定了金色降落伞条款。与金色降落伞相比，公司在与一般雇员签订劳动合同时也规定，因公司并购而解聘的一般雇员可以依据劳动合同获得比管理层少的补偿，被称为"银色降落伞"（Siliver Parachute）或"锡色降落伞"（Tin Parachute）。

　　很多学者都对金色降落伞这一话题进行了深入的研究，对其认知持有不同的观点。持积极观点的学者认为金色降落伞条款不仅有利于公司留住管理层，出于对管理层的保护，也更容易雇到理想的管理层，在对管理层保护的基础上，有利于防止恶意并购行为的发生。持消极观点的学者认为任何职业都有被解雇的风险，高管应该积极面对这一风险，而不应因被解雇获得补偿。金色降落伞条款有可能只带来严重的代理问题，但却不能有效阻止恶意并购行为的发生。

　　在股权分置改革完成之前，我国上市公司发生的并购活动主要是要约收购等形式的善意收购，很少有恶意并购行为的发生，公司章程中很少设置金色降落伞条款。随着 2005 年《公司法》《证券法》、2006 年《上市公司收购管理办法》的修订，为上市公司收购创造了良好的法律环境。2007 年我国完成了股权分置改革，使股票市场的流动性有了很大的提升，上市公司面临恶意收购的风险越来越大，反收购的重要性也相应上升，对于反收购条款金色降落伞的研究也越来越多。很多学者对金色降落伞进行了深入研究，他们几乎一致认为，我国上市公司章程可以设置金色降落伞条款，其研究关键是如何确定金色降落伞规定的补偿金数额。学者普遍认为不能设置过高的补偿金额，有利益输送的可能性，但也没有对金色降落伞条款的具体补偿金额设置一定的标准。

　　最近几年，上市公司章程反收购条款的变化之一，是 2016 年之后修订的公司章程一般不直接规定金色降落伞条款，而是选择采纳 2006 年修订的《上市公司章程指引》第 96 条，即在公司章程中规定"董事在任期届满以前，股东大会不能无故解除其职务"。其中主要原因是证监会加大了对上市公司的监督检查力度，比如投服中心的设立，对上市公司章程中的反收购条款进行问询等。上市公司在修改章程时采用了证监会制定的《上市公司章程指引》第 96 条的规定，与金色降落伞有相同的作用，都达到了维护董事及其他高级管理人员利益的目的。表2-16列示了一些案例公司，其在公司章程中明确设置了"董事在任期届满以前，股东大会不能无故解除其职务"。

表2-16 明确设立条款的上市公司章程

章程制定修改日期	股票代码	章程名称	章程条款
2017 年 5 月	000539	粤电力 A 章程	第 96 条
2018 年 1 月	000407	胜利股份章程	第 96 条
2018 年 1 月	000935	四川双马章程	第 95 条
2018 年 1 月	000056	皇庭国际章程	第 96 条
2018 年 1 月	600829	人民同泰章程	第 96 条
2018 年 1 月	601636	旗滨集团章程	第 99 条
2018 年 1 月	603958	哈森股份章程	第 96 条
2018 年 1 月	600337	美克居家章程	第 100 条
2018 年 1 月	000812	陕西金叶章程	第 97 条
2018 年 1 月	600241	时代万恒章程	第 96 条
2018 年 1 月	603329	上海雅仕章程	第 96 条
2018 年 1 月	000923	河北宣工章程	第 122 条
2018 年 1 月	603359	东珠景观章程	第 96 条
2018 年 1 月	600318	新力金融章程	第 96 条
2018 年 1 月	600177	雅戈尔章程	第 96 条
2018 年 2 月	600695	绿庭投资章程	第 96 条
2018 年 2 月	603444	吉比特章程	第 72 条

因为很多上市公司都沿用了《上市公司章程指引》第 96 条的规定，所以金色降落伞条款在我国上市公司的使用范围并不广泛。2016

年之后修改公司章程的上市公司，只有 5.8% 的公司在章程中设置了金色降落伞条款，2016 年之前的上市公司且至今没有修改公司章程的，大约仍有 7.5% 的公司章程设置了金色降落伞条款，其中不少条款内容严重不规范甚至违反相关法律法规，因此本书有必要对金色降落伞条款的合规性与合法性进行讨论。

在任期未满而被解聘的董事、监事及其他高级管理人员的经济补偿金方面，大多数上市公司章程规定补偿金为解聘前上一年度工资薪金总额的 3—10 倍，但最高的达到上一年度薪金及福利总和的 1000 倍。大约 0.8% 的上市公司章程规定补偿金为剩余任期的工资总额；2.2% 的上市公司章程规定被解聘的董事、监事及其他高级管理人员有权获得一定的经济补偿，但并没有具体规定；1.2% 的上市公司章程规定补偿金的具体数额由劳动合同规定；0.2% 的上市公司章程规定补偿金的数额为公司上一年度净利润的一定百分比，比如 20% 等。特别值得注意的是，中国宝安、多氟多、海印股份、兰州黄河、友好集团等上市公司在章程中规定："当公司被并购接管，在公司董事、监事、总裁和其他高级管理人员任期届满前如确需终止或解除职务，必须得到本人的认可。"此类型反收购条款的设置明显违反相关法律法规，需要进一步研究。

一、按照补偿金来源分类

根据金色降落伞条款研究目的的不同，可以对其采用不同的分类标准。以金色降落伞条款规定的补偿金来源为标准，可以将其分为两类：一类是由收购方支付的；另一类是由目标公司支付的。其具体分类与内容如表 2-17 所示。

表 2-17　"金色降落伞"条款补偿金来源分类

补偿金来源分类	具体条款	具体条款内容
由收购方支付补偿金	2017 年 6 月《大众公用章程》（600635）第 61 条	经董事会二分之一以上董事有理由认为单独或合并持有公司 10%以上股份股东或一致行动人继续收购公司股份并可能成为公司实际控制人，因此导致公司中层以上管理人员主动或以任何理由离职的，该股东应当向离职人员一次性支付额外遣散费用，除非离职人员本人书面放弃该项权利
	2018 年 2 月《天首发展章程》（000611）第 135 条	单独或合并持有公司 10%以上股份股东继续收购公司股份并成为实际控制人的情况下，若因此导致公司中层以上管理人员主动或被动离职的，该股东应当向离职人员一次性支付额外遣散费用，除非离职人员本人书面放弃该项权利
	2016 年 10 月《大众交通章程》（600611）第 37 条	高级管理人员任期届满前，公司不得无故解除其职务（辞职除外）；因收购兼并引起公司控制权变化导致高级管理人员被解聘的，收购方（包括间接收购方）应承担原高级管理人员的解聘补偿金
由目标公司支付补偿金	2018 年 1 月《格林美章程》（002340）第 102 条	董事在任期届满以前，股东大会不得无故解除其职务；非经原提名股东提议，任何董事在不存在违法犯罪行为，或不存在不具备担任公司董事的资格及能力，或不存在违反公司章程规定等情形下于任期内被解除董事职务的，公司应按该名董事在公司任职年限内累计税前报酬总额的 5—10 倍向该名董事支付赔偿金；非经公司股东大会以特别决议通过，公司修改本章程时不得对本款规定进行修改

由目标公司支付补偿金的占绝大多数，统计研究发现目前大约有98%的金色降落伞条款规定补偿金由目标公司支付，大约只有不到2%的金色降落伞条款规定补偿金由收购方支付。由目标公司支付补偿金的公司章程如表2-18所示。从目标公司的董事劳动关系来看，被解聘董事的补偿金由并购公司支付并不存在理论依据。除此之外，现行《公司法》《证券法》以及其他法律法规对此均没有特殊规定。因此，在公司章程中设置的"并购方支付被解聘董事的补偿金"条款既无理论依据，更无法律依据，属于无效条款。

表2-18 由目标公司支付补偿金的公司章程

章程制定修改日期	股票代码	章程名称	章程条款
2014 年 12 月	600711	盛屯矿业章程	第 106 条
2016 年 6 月	000039	中集集团章程	第 275 条
2016 年 8 月	600272	开开实业章程	第 10 条
2016 年 8 月	002398	建研集团章程	第 10 条
2017 年 1 月	002063	远光软件章程	第 107 条
2017 年 1 月	600561	江西长运章程	第 96 条
2017 年 4 月	601228	广州港章程	第 105 条
2017 年 4 月	000931	中关村章程	第 96 条
2017 年 5 月	600548	深高速章程	第 153 条
2017 年 7 月	600871	石化油服章程	第 200 条
2017 年 8 月	002443	金洲管道章程	第 10 条
2017 年 8 月	600089	特变电工章程	第 98 条
2017 年 8 月	600326	西藏天路章程	第 102 条
2017 年 8 月	601375	中原证券章程	第 267 条
2017 年 8 月	000726	鲁泰 A 章程	第 96 条
2017 年 9 月	002168	深圳惠程章程	第 10 条

章程制定修改日期	股票代码	章程名称	章程条款
2017 年 9 月	600887	伊利股份章程	第 96 条
2017 年 10 月	601811	新华文轩章程	第 193 条
2017 年 10 月	002828	贝肯能源章程	第 5.1.2 条
2017 年 11 月	002407	多氟多章程	第 101 条
2017 年 11 月	600082	海泰发展章程	第 131 条
2017 年 11 月	600029	南方航空章程	第 254 条
2017 年 11 月	600547	山东黄金章程	第 224 条
2017 年 12 月	000570	苏常柴 A 章程	第 97 条

二、按照表现形式分类

依据上市公司章程中金色降落伞条款的表现形式，将金色降落伞条款分为计算公式补偿条款、巨额补偿条款、倍数补偿条款、剩余任期补偿条款、不确定补偿数额条款和聘任合同条款六种类型，具体分类如下所述。

1. 计算公式补偿条款

计算公式补偿条款是指，金色降落伞条款不直接规定补偿的具体数额，而是仅规定补偿金的计算公式。一旦发生解聘任期未满的董事与高级管理人员，即按照既定的计算公式计算出具体的补偿金数额。2016年 10 月《大众交通章程》（600611）第 37 条、第 192 条，2017 年 6 月《大众公用章程》（600635）第 61 条、第 269 条都属于计算公式补偿条款。

2. 巨额补偿条款

巨额补偿条款是指，为了阻止恶意收购，金色降落伞条款规定补偿金数额为天文数字。其具体实际应用如表 2-19 所示。

表 2-19 巨额补偿条款

章程制定修改日期	股票代码	章程名称	章程条款
2017 年 8 月	600089	特变电工章程	第 98 条规定："当发生公司被收购接管的情形时，任期未满被解除职务的董事、监事、总经理等高级管理人员可以获得前一年年薪 1000 倍以上的经济补偿。"
2017 年 5 月、8 月	000726	鲁泰 A 章程	第 96 条规定："董事长、副董事长、董事（监事）或高级管理人员任期未到被解除职务时，可以分别获得公司上一年度净利润值的 10%、10%、5%、1% 的经济补偿。"

3. 倍数补偿条款

该条款一般是指因公司被收购而解聘任期未满的董事、监事和其他高级管理人员，可以依据公司章程中的金色降落伞条款获得年薪 3—10 倍的补偿金。但补偿金的计算主要有两种情况：一种情况是上市公司章程规定以被解聘董事及其他高级管理人员的税前年薪为基数计算补偿金；另一种情况是上市公司章程没有具体规定是以税前还是税后为基数计算补偿金。

前者如 2016 年 8 月《建研集团章程》（002398）的第 10 条规定的内容："在公司发生本章程规定的恶意收购情形下，公司董事、监事、高级管理人员在不存在违反法律、法规及本章程的行为且不存在不具备所任职务的资格与能力之情形，在任期届满前被解除或终止职务的，公司应当按照该名董事、监事、高级管理人员在公司任职年限内税前薪酬总额的 10 倍支付一次性补偿金。该名董事、监事、高级管理人员已经与公司签订劳动合同的，在被解除劳动合同时，公司还应按照《劳动合同法》支付经济补偿金或赔偿金。"与之相似的还有如下公司章程，

2015 年 12 月《格林美章程》（002340）第 96 条，2016 年 10 月《大众交通章程》（600611）第 37 条，2017 年 6 月《大众公用章程》（600635）第 269 条，2017 年 11 月《多氟多章程》（002407）第 101 条、第 121 条。

另一种情况是上市公司章程没有具体规定是以税前还是税后为基数计算补偿金，如 2017 年 1 月《远光软件章程》（002063）第 107 条中的规定："公司在发生被恶意收购的情况下，非经原提名股东提议，任何董事在不存在违法犯罪行为，或不存在不具备担任公司董事的资格及能力，或不存在违反公司章程规定等情形下于任期内被解除董事职务的，必须得到本人的同意，且公司须一次性支付其相当于其年薪及福利待遇总和十倍以上的经济补偿；上述董事已与公司签订劳动合同的，在被解除劳动合同时，公司还应按照《劳动法》《劳动合同法》等规定另外支付经济补偿金或赔偿金"。与之相似的还有如下公司章程，如表 2-20 所示。

表 2-20 无规定是否按照税前年薪为基数计算补偿金

章程制定修改日期	股票代码	章程名称	章程条款
2016 年 1 月	600778	友好集团章程	第 5.1.2 条
2016 年 8 月	600272	开开实业章程	第 10 条
2017 年 8 月	002443	金洲管道章程	第 10 条
2017 年 8 月	600089	特变电工章程	第 98 条
2017 年 9 月	002168	深圳惠程章程	第 10 条
2017 年 10 月	600807	天业股份章程	第 111 条
2017 年 10 月	002828	贝肯能源章程	第 6.1 条

4. 剩余任期补偿条款

该条款是指任期未满的董事、监事或高级管理人员被解聘后，可以依据公司章程的规定一次性获得剩余任期的报酬或津贴。具体内容如

2017年1月《江西长运章程》（600561）第96条规定："公司执行董事任期届满之前，非因违反法律法规和规范性文件以及本章程规定之情形而被解除职务的，公司应当立即一次性支付该执行董事剩余任期的报酬或津贴，并为该执行董事购买一份相当于其年报酬金额十倍的人寿保险，保费由公司支付。"与之相似的还有如下公司章程，2007年7月《ST昆机章程》（600806）第223条、2016年8月《建研集团章程》（002398）第10条、2017年10月《贝肯能源章程》（002828）第5.1.2条。

5. 不确定补偿数额条款

该条款是指在公司章程中仅规定当公司将被收购时，被解聘任期未满的公司董事、监事及其他高级管理人员有权取得因失去职位或者退休而获得的补偿或者其他款项，但没有规定具体补偿标准。比较典型的有2017年4月《深高速章程》（600548）第153条的规定："公司在与公司董事、监事订立的有关报酬事项的合同中应当规定，当公司将被收购时，公司董事、监事在股东大会事先批准的条件下，有权取得因失去职位或者退休而获得的补偿或者其他款项。"与之相似的还有如下公司章程，如表2-21所示。

表2-21 不确定补偿数额条款

章程制定修改日期	股票代码	章程名称	章程条款
2007年6月	600806	ST昆机章程	第223条
2016年6月	000039	中集集团章程	第275条
2017年4月	600556	ST慧球章程	第98条
2017年7月	600871	石化油服章程	第200条
2017年8月	601375	中原证券章程	第267条
2017年10月	601811	新欢文轩章程	第193条
2017年11月	600029	南方航空章程	第254条

续表

章程制定修改日期	股票代码	章程名称	章程条款
2017 年 11 月	600547	山东黄金章程	第 224 条
2017 年 11 月	600082	海泰发展章程	第 131 条
2018 年 2 月	000611	天首发展章程	第 135 条

6. 聘任合同条款

该条款是指公司章程不直接规定解聘相关董事及其他高级管理人员时的经济补偿，而是规定由公司在聘任董事及其他高级管理人员时在聘任合同中明确规定。具体的条款内容如表 2-22 所示。

表 2-22 聘任合同条款内容

章程制定修改日期	股票代码	章程名称	章程条款
2017 年 4 月	000931	中关村章程	第 96 条第 4 款规定："兼任总裁或者其他高级管理人员职务的董事以及由职工代表担任的董事，总计不得超过公司董事总数的 1/2；公司应与董事签订聘任合同，明确公司和董事之间的权利义务、董事的任期、董事违反法律法规和本章程的责任以及公司因故提前解除合同的补偿等内容。"
2017 年 12 月	000570	苏常柴 A 章程	第 97 条第 5 款规定："公司应和董事签订聘任合同，明确公司和董事之间的权利义务、董事的任期、董事违反法律法规和公司章程的责任以及公司因故提前解除合同的补偿等内容。"

与之有类似规定的还有其他 4 家上市公司的章程条款，分别是 2014 年 12 月《盛屯矿业章程》（600711）第 106 条、2017 年 4 月《广州港章程》（601228）第 105 条、2017 年 8 月《西藏天路章程》（600326）第 102 条和 2017 年 9 月《伊利股份章程》（600887）第 96 条。

第四节　分析与启示

反收购条款主要围绕董事候选人提名条款、分层董事会条款、金色降落伞条款三类条款展开研究。

上市公司章程限制股东推荐董事候选人的方法主要包括以下三种：一是增加享有董事候选人提名权股东的持股比例；二是增加享有董事候选人提名权股东的持股时间；三是直接规定限制恶意收购方的董事候选人提名权。针对持股比例进行分析，大约有 48% 的上市公司章程将持股比例 3% 作为股东提案权的基本条件，因此将 3% 的持股比例作为基本衡量标准。针对持股时间进行分析，上市公司章程中设计的最低持股时间为 3 个月，而最高持股时间是 5 年，但并没有任何法律法规说明将持续持股时间作为限制股东董事候选人提名权的条件是合理合法的。针对限制恶意收购方的条件进行分析，其表现为持股时间方面的限制和业务管理经验方面的限制，但因其法律限制条件的针对性，其合法性值得进一步探讨。

根据分层董事会的内容特点，将分层董事会条款分为双三分之一条款、双限制条款、禁止解聘条款、单一比例条款以及不同比例条款五种类型。但我国制定的分层董事会条款除了规定董事会更换和改选的人数与董事会总人数的比例关系，有的上市公司还会规定每年董事会更换和改选的人数，限制董事会每次解除人数和每年解除人数，限制董事会每届更换和改选人数，甚至会同时限制每届董事会更换人数和每年董事会更换人数，其反收购的强度远远高于一般分层董事会条款，也需要我们进一步厘清分层董事会的法律效力。

以金色降落伞条款规定的补偿金来源为标准，将其分为两类：一类是由收购方支付；另一类是由目标公司支付。以上市公司章程中金色降落伞条款的表现形式为标准，将金色降落伞条款分为计算公式补偿条款、巨额补偿条款、倍数补偿条款、剩余任期补偿条款、不确定补偿数额条款和聘任合同条款六种类型。对于金色降落伞条款而言，其属于公司自治范畴，其需要解决的最重要的问题是公司章程规定的补偿金额是否不受任何限制，以及补偿金数额高低的标准，也是本书进一步研究的内容。

第三章　反收购条款过度防御作用机理分析

本章基于反收购条款过度防御的特征，在对基本理论包括股东权益理论、企业社会责任理论、堑壕理论剖析的基础上，形成内部结构化分析和外部功能化分析双元共存的分析框架体系。内部结构化分析主要强调立足于反收购条款本身，包括董事候选人提名条款、分层董事会条款和金色降落伞条款三类条款，着重分析其条款需要遵循的法律原则、具体反收购条款的法律效力及其作用机理。外部功能化分析主要强调分析反收购条款对外的作用效应，尤其是对企业创新、企业价值的影响机理。

第一节　基本理论分析

一、股东权益理论

从股东的短期利益出发，市场中自发形成的收购行为，其内在原因一般有以下几点：一是目标公司经营业务和发展前景契合收购方的业务发展战略，收购完成后有利于拓展公司的业务，整合优势资源，提升市场占有率，实现公司规模的扩张；二是目标公司的市场价值在一定程度上被低估，股价并未完全反映目标公司的潜在价值；三是目标公司掌握众多流动性资产或资源，转移甚至抛售优势资产能带来巨大的利益。但不管收购行为是基于哪种原因的考虑，反收购行为都会增强目标公司在议价过程中的话语权。基于股价的信息传递信号，在收购过程中，市场上潜在的投资者关注目标公司并重新衡量其股票价值，在某种程度上会提升目标公司的股票价格。

从股东的长期利益出发，股东在流通市场上转让股票主要考虑两个因素：一是相较于目标公司未来发展所带来的红利，短期股票变现能否带来超额收益；二是在转让股票后，能否在市场上找到具有更高投资收益率的股票。如果目标公司经营状况良好、发展潜力大，公司管理层或控股股东便有理由拒绝接近甚至超过市值的收购报价。此外，当市场上缺少优质股票、宏观经济不景气时，原有股东也会倾向于保留持有股份，反对外界收购行为。

因此，股东权益假说认为设立反收购条款是出于股东长期权益心理，可以向投资者传递出管理层对于企业长期经营和发展有信心的积极信号（Stein，1988；Straska and Waller，2014；Johnson 等，2015；Heron and Lie，2006；李善民等，2016；顾慧莹等，2017；罗进辉等，2018）。

二、企业社会责任理论

随着市场法人制度的建立完善，公司理论的进一步发展，越来越多的学者意识到公司的建立不单单局限于为股东服务，管理层的目标也并非只是追求股东权益的最大化。根据社会契约理论的基本原理，公司如同一个多方契约的集合体，不仅包含全体股东与公司法人之间建立的初始契约，也包括公司与员工间的劳务契约、管理层与股东间的代理契约，以及债权人与公司间的债务契约等。从这个角度上说，现代新型公司，就像一个众多利益相关者的结合体，以股东为核心，以管理层、员工、债权人、供销商为组成部分，联系紧密、互相影响。

公司在面临恶意收购时所采取的一切行为，不能狭隘地以股东利益为根本出发点，而是应综合全局，站在公司全体利益相关者的立场。如果公司被恶意收购，仅仅影响控股股东和管理层的个人经济利益，其过度防御的反收购行为是不被接受的。如果恶意收购使得公司的经营发展规划发生改变，资产和业务频繁重组，甚至导致部分优秀人才流失，影响到公司原有供应链和员工利益，其反收购行为是可以接受的，但前提条件是保证在公司章程中设置的反收购条款不能突破基本的法律界限。

三、堑壕理论

在现实中，真正主导反收购行为的是董事会，但很多公司反收购章程及策略都是由股东大会表决通过的。由于股东的专业能力，以及在时间、精力等方面的限制，股东对公司的关注度较低。对于公司现状以及对未来的发展，股东和董事会成员存在严重的信息不对等现象。因此，董事会成员可以通过引导、建议等手段来劝诱股东通过反收购条款，所以其实质还是董事会主导的反收购行为。

基于委托代理理论的分析框架，管理层作为董事会的代理人，其在管理企业日常经营活动过程中，很可能产生高昂的代理成本，表现为高额的在职消费、建立更多的商业帝国。但是在面对公司控制权变更时，管理层有很大可能被解聘，基于声誉机制的影响，管理层个人职业声誉会受到很大的影响。因此，当管理层不同意收购时，很难判断其基于自身利益，还是考虑到相关利益者，代表公司全体股东的利益。因此在委托代理理论的基础上，衍生了管理层堑壕假说和控股股东堑壕假说。

管理层堑壕假说认为设立反收购条款是公司管理层自利动机的表现，其主要作用表现为保护管理层（Bates 等，2008；Hwang and Lee，2012；Cohen and Wang，2013；Straska and Waller，2014；陈玉罡和石芳，2014）。控股股东堑壕假说认为反收购条款在保护管理层的同时，也巩固了控股股东的地位，从而为大股东掏空行为提供了庇护（Johnson，2000；Cuervo，2002；陈玉罡等，2016）。

第二节 作用机理分析框架

反收购条款过度防御作用机理分析框架包括内部结构化分析和外部功能化分析。内部结构化分析主要立足于反收购条款本身，着重分析董事候选人提名条款、分层董事会条款和金色降落伞条款三类反收购条款。在现状梳理的基础上，判断其具体的法律效力，并分析其作用效果。外部功能化分析着重分析反收购条款对外的影响机理，尤其是对企业创新、企业价值的影响机理。具体分析框架如图 3-1 所示。

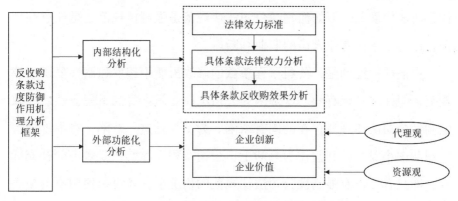

图 3-1 反收购条款过度防御作用机理分析框架

第三节 内部结构化分析

一、判断反收购条款法律效力的标准

基于反收购条款披露现状的分析结果，研究发现很多反收购条款都存在违反法律法规的问题，因此判断反收购条款法律效力的标准，是明确反收购条款防御效力的重要基石。如何判断上市公司章程中反收购条款法律效力的标准呢？最基本的标准应当是法律、法规和规章等公司法律规范。但公司法律规范，根据当事人是否可以在法律行为中排除适用，可以将其分为强制性规范与任意性规范。强制性公司法律规范与任意性公司法律规范的区分，是公司法理论和实践中一个根本性的问题。任何上市公司章程条款的增减、制定或修改都不可以逾越强制性公司法律规范。基于此，上市公司章程中反收购条款也不能逾越强制性公司法律规范。判断反收购条款是否合法有效的标准之一，就是必须符合强制性公司法律规范。但如何判断公司法律规范是强制性规范还是任意性规范，还需要法律专业人员的职业判断。

更值得关注的是，公司章程条款的修改虽然不违反强制性公司法律规范，但并不一定有效。这是因为公司法律法规本身的不完备性；导致强制性公司法律规范存在的固有缺陷。为了弥补这一缺陷，将不得损害公司和中小股东的利益作为判断上市公司章程反收购条款效力的补充标准，即只有在没有强制性公司法律规范的情况下，才可以使用不得损害公司和中小股东利益的标准。

1. 不得违反强制性公司法律规范的原因分析

委托代理关系决定反收购条款不得违反强制性公司法律规范。由于社会经济的飞速发展，企业的分权管理行为越来越广泛，随之更多的公司由于所有权与经营权的分离，使得公司股东与高管之间产生特殊的委托代理关系。而正因为双方的委托代理关系，一旦董事及其他高管的利益与公司的利益不一致时，就可能出现董事及其他高管为了自己的利益而损害公司的利益，对于大股东而言其表现为掏空行为，而对于管理层而言其表现为建立商业帝国或增加在职消费，但是无论选择何种方式，其代理成本都有很大的飙升。

股东缺陷决定反收购条款不得违反强制性公司法律规范。股东缺陷是指股东在公司治理过程中所产生的一系列问题，包括中小股东的搭便车行为、信息不对等问题等。上市公司股东与管理层存在严重的信息不对等问题，管理层掌握公司更多的经营信息，而股东相较于负责日常经营活动的管理层而言，其掌握较少的公司经营信息，甚至不掌握公司信息。股东参与修改公司章程投票时，其投票同意或反对并非完全符合自己的真实意图。管理层把有利于与不利于股东的议案捆绑起来，同时向股东大会提出，要求股东投票。例如股东想要得到现金分红的实惠，就必须同时批准向经理支付高额退休金的计划。

控股股东诚信缺失决定反收购条款不得违反强制性公司法律规范。目前我国《公司法》第147条和148条明确规定，董事、监事、高级管理人员应当遵守法律、行政法规和公司章程，对公司负有忠实义务和勤勉义务。忠实义务和勤勉义务是十分重要的，其具体内容如表3-1所示。

表3-1 忠实义务和勤勉义务的具体内容

条款数目	条款具体内容
（一）	不得利用职权收受贿赂或者其他非法收入
（二）	不得侵占公司的财产
（三）	不得挪用公司资金
（四）	不得将公司资金以其个人名义或者以其他个人名义开立账户存储
（五）	不得违反公司章程的规定，未经股东会、股东大会或者董事会同意，将公司资金借贷给他人或者以公司财产为他人提供担保
（六）	不得违反公司章程的规定或者未经股东会、股东大会同意，与本公司订立合同或者进行交易
（七）	不得未经股东会或者股东大会同意，利用职务便利为自己或者他人谋取属于公司的商业机会，自营或者为他人经营与所任职公司同类的业务
（八）	不得将他人与公司交易的佣金归为己有
（九）	不得擅自披露公司秘密
（十）	不得违反对公司忠实义务的其他行为

虽然《公司法》对董事、监事及其他高管的忠实义务与勤勉义务有明确的规定，但是对控股股东的忠实与勤勉义务尚未有明确规定，但这并非等于没有规定，《公司法》第20条和21条也特别提到了控股股东忠诚与勤勉义务。其具体规定如表3-2所示。

表3-2 控股股东忠实义务和勤勉义务的具体内容

条款具体条文	条款具体内容
《公司法》第20条第2款	公司股东滥用股东权利给公司或者其他股东造成损失的，应当依法承担赔偿责任
《公司法》第21条第1款	公司的控股股东、实际控制人、董事、监事、高级管理人员不得利用其关联关系损害公司利益

所以说，控股股东对公司和中小股东没有尽到勤勉和忠实义务，从而对公司和中小股东利益造成损害，被称为控股股东的诚信缺失。控股股东诚信缺失主要表现为违规减持、关联交易、操纵市场、操纵利润分配、侵吞公司财产等行为。特别是控股股东利用"资本多数决"原则，在修改公司章程时，操纵股东大会通过对中小股东和公司不利的章程修正案，制定不利于中小股东的反收购条款就是其中之一。

2. 强制性公司法律规范分类

原则型强制规范。上市公司章程的修改不得违背《公司法》的基本原则，诸如同股同权原则、资本多数决原则等。公司法的基本原则是连接公司的根本目的或宗旨与具体规则的纽带，体现公司法的社会价值。因此，公司法基本原则具有强制性，公司章程中的反收购条款如果违反基本原则应属无效。

资格型强制规范。上市公司章程的修改不得违背《公司法》有关股东、董事、监事及其他高管资格的条款。资格型强制规范分为消极资格型强制规范和积极资格型强制规范。不仅公司董事、监事、高级管理人员任职时必须具备积极资格型强制规范并排除消极资格型强制规范，不具备积极资格型强制规范或具备消极资格型强制规范也应解除其职务。我国对公司董事、监事、高级管理人员规定的积极资格强制型规范见于有关法律法规中，具体见表3-3所示。

公司章程中反收购条款既不得设置严于有关法律和法规规定的积极资格型强制规范，也不得设置宽于法律和法规规定的消极资格型强制规范。比如2017年4月《凯恩股份章程》（002012）第5.1.2条款规定："在发生公司恶意收购的情况下，为保证公司及股东的整体利益以及公司经营的稳定性，收购方及其一致行动人提名的董事候选人应当具有至少五年以上与公司目前（经营、主营）业务相同的业务管理经验，以及与其履行董事职责相适应的专业能力和知识水平。"其设置严于有关法律和法规规定的积极资格型强制规范，所以属于无效条款。

表 3-3　积极资格强制型规范

法律条款	法律条款具体内容
《公司法》 第 146 条第 2 款	公司违反消极型资格强制规范，选举、委派董事、监事，该选举、委派或者聘任无效 董事、监事、高级管理人员在任职期间出现违反消极型资格强制规范，公司应当解除其职务
《公司法》 第 117 条第 4 款	董事、高级管理人员不得兼任监事

行权条件型强制规范。是指股东、董事和监事行使权力必须符合《公司法》有关行政条件的规定，其具体的规定如表 3-4 所示。

表 3-4　行权条件型强制规范

法律条款	法律条款具体内容
《公司法》 第 100 条第 3 项	单独或者合计持有公司 10% 以上股份的股东请求时，可以召开临时股东大会
《公司法》 第 102 条第 2 款	单独或者合计持有公司 3% 以上股份的股东，可以在股东大会召开 10 日前提出临时提案并书面提交董事会

任何上市公司章程反收购条款对股东提案权进行限制，提高股东持股比例，增加持股期限等都是无效的。如 2017 年 11 月《中科三环章程》（000970）第 53 条规定："公司召开股东大会，董事会、监事会以及连续 180 日以上单独或者合并持有公司 3% 以上股份的股东，有权向公司提出提案。连续 180 日以上单独或者合并持有公司 3% 以上股份的股东，可以在股东大会召开 10 日前提出临时提案并书面提交召集人。"

该条款规定股东必须连续持股 180 日才能享有提案权，这在一定程度上限制了股东提案权的资格，违反股东行权资格条件，应属无效条款。

义务型强制规范。我国《公司法》《上市公司收购管理办法》等法律、法规和规章对上市公司（目标公司）、董事、监事与其他高级管理人员和收购人规定了众多义务型强制规范，具体见表 3-5 所示。

表 3-5　义务型强制规范

法律条款	法律条款具体内容
《公司法》第 147 条	董事、监事、高级管理人员对公司负有忠实义务和勤勉义务
《公司法》第 148 条	规定董事、监事、高级管理人员不得为的八种行为
《公司法》第 115 条	规定公司不得直接或间接向董事、监事、高级管理人员提供借款
《公司法》第 116 条	规定公司应当向股东披露董事、监事、高级管理人员薪酬的义务等义务型强制规范
《上市公司收购管理办法》第 3 条	规定有关各方的信息披露义务
《上市公司收购管理办法》第 7 条	规定目标公司的控股股东或者实际控制人不得滥用股东权利损害目标公司或者其他股东的合法权益
《上市公司收购管理办法》第 8 条	规定目标公司的董事会既不得滥用职权对收购设置不适当的障碍，也不得利用公司资源向收购人提供任何形式的财务资助

程序型强制规范。程序型强制规范包括《公司法》规定的股东大会召集程序和表决程序、董事会的召集程序和表决程序以及股东行权程序等。违反《公司法》及其他有关法律法规规定的程序型强制规范，可能直接导致决议无效或可能被撤销，或者失去行权资格等法律后果，这是程序正义的必然要求。

二、具体反收购条款法律效力分析

1. 董事候选人提名条款法律效力分析

（1）提高持股比例效力分析

虽然目前有关法律、法规和规章并未规定董事提名权是股东的一项基本权利，但是根据《公司法》第 37 条规定，也说明股东享有提名董事的权利。在实践中，股东行使董事候选人提名权一般是在股东大会上通过提案的方式行使，《公司法》《上市公司章程指引》明确提出单独或者合计持有公司 3% 以上股份的股东，可以提出临时提案。基于此，任何上市公司章程将股东的董事候选人提名的持股比例限制在 3% 以上均违反《公司法》《上市公司章程指引》的有关规定，被判为无效。

（2）增加持股时间的效力分析

目前我国关于连续持股时间的要求并不是很多，仅仅有两处，分别体现在股东大会的召集主持方面和诉讼方面，其具体条款与内容如表 3-6 所示。

表 3-6　公司章程中连续持股规定

公司章程	具体条款内容
《公司法》第 101 条第 2 款	监事会不召集和主持股东大会的，连续 90 日以上单独或者合计持有公司 10% 以上股份的股东可以自行召集和主持
《公司法》第 151 条第 1 款	连续 180 日以上单独或者合计持有公司 1% 以上股份的股东，可以书面请求提起诉讼

除此之外，再无对持股时间的限制。同时《公司法》也只是对提案权规定了 3% 的持股比例要求，并未要求连续持股时间。因此，任何上市公司章程规定的连续持股时间限制，都很可能侵犯了股东提名董事候选人的权利，应当属于无效。

事实上，中国和美国在对待股东持股时间这个问题上，有很大的不同。2010 年美国证券交易委员会公布的法则中明确规定了连续持股时间和持股比例。该规则规定股东应连续持股 3 年，并单独或合并持有公司有表决权股份总数 3%以上才可以提名董事会候选人。美国证券委员会这样的设定是为了保障目标公司经营的连续性和不因公司发生并购而受到任何影响，有利于保护中小股东的利益。美国证券交易委员会规定的连续持股时间与持股比例仅仅有一定的启示和借鉴意义，但与我国实际国情不相符，不能够直接移植美国的相关规定。

（3）限制恶意收购方董事候选人提名权的效力分析

限制恶意收购方董事候选人提名权，实为剥夺恶意收购方选择公司管理层的权利。我国《公司法》第 37 条第 1 款也明确规定，股东有权选举和更换非由职工代表担任的董事，因此任何剥夺恶意收购方董事候选人提名权的章程条款都属于无效条款。有很多学者认为剥夺恶意收购方的董事候选人提名权可能仅仅保证董事会控制权不发生转移，维护董事的利益，而损害公司、中小股东利益的事件仍然时有发生。所以对于限制恶意收购方董事候选人提名权的条款，大概率属于无效条款。

2. 分层董事会条款法律效力分析

分层董事会条款合法性的判断标准主要体现在该条款是否符合有关公司法律和规章的强制性规范，以及是否损害公司和股东，特别是中小股东的合法权益。

目前，我国有关法律、法规和规章的相关条款尚未有直接规定分层董事会的条款。《公司法》第 45 条第 1 款，《上市公司收购管理办法》第 8 条、第 33 条，《公司法》第 16 条、第 121 条、第 142 条等也仅对反收购行为做出规定。

但是《公司法》的修订过程中有一项条款一直保持不变，其规定：

"董事在任期届满前，股东大会不得无故解除其职务。"这充分说明立法者始终坚持股东大会不得无故解除任期未满的董事职务。而证监会2006年修订的《上市公司章程指引》第96条沿用了2004年《公司法》第115条规定，即"董事在任期届满前，股东大会不得无故解除其职务"。而《上市公司章程指引》是所有上市公司必须遵循的行为规范，所以说上市公司在章程中设置分层董事会条款，具备合理的法律效力，不允许公司在章程中剥离股东这项基本权利。

3. 金色降落伞条款法律效力分析

在公司被收购的情况下，只要发生解聘任期未满的董事、监事或其他高级管理人员，董事、监事或其他高级管理人员便可以依据公司章程中的金色降落伞条款，获得巨额经济补偿。因此，金色降落伞条款的目的性很强，即阻止公司恶意收购与保护董事及其他高级管理人员的利益。

（1）是否应该给予补偿金

从劳动法律关系、委托代理关系、信托关系角度探讨是否应当给予被解聘任期未满董事及其他高级管理人员经济补偿。从劳动法律关系分析研究，解聘董事的事由除在董事与公司签订的劳动合同中明确规定之外，公司章程也规定了解聘董事的条件。因此，在出现公司单方解除劳动合同的法定事由之前，公司解除任期未满的董事职务，应当承担相应的违约责任，给予被解聘董事经济补偿。从委托代理关系角度进行分析研究，公司作为委托人单方终止其与董事的委托代理关系，侵害了董事的期待利益，由此给作为受托人的董事造成损失的，应当给予补偿。从信托关系角度入手，股东将公司委托给董事经营管理，董事按照约定获取一定的报酬。作为委托人的股东无故单方终止信托关系，给受托人造成损失的，应当给予补偿。最后，我国现行的《公司法》《证券法》《上市公司收购管理条例》《上市公司股东大会规则》等法律法规并未禁止对被解聘董事给予一定的经济补偿，所以给予被解聘董事、监事及其他高级管理人员经济补偿都有理论依据，应属合法。

（2）补偿标准如何确定

从理论上说，股东大会无故单方解聘任期未满的董事及其他高级管理人员，理应给予被解聘董事、监事及其他高级管理人员经济补偿。因此，金色降落伞条款是否有效的关键问题集中在如何确定补偿标准。

根据《公司法》第37条和第46条的规定："董事的相关报酬由股东会决定，经理的报酬由董事会决定"，所以这两类报酬需要遵循不同的程序，然而补偿金金额的多少则属于公司内部自治的范围。虽然股东大会有权决定董事和监事的报酬，董事会有权决定其他高级管理人员的报酬，但股东大会不能任意确定被解聘董事的补偿金，特别是在控股股东兼任董事的情况下，以避免涉嫌利益输送。据此，金色降落伞条款规定的经济补偿数额，不得超过合理限度。结合具体的法律条文，本书认为合理限度主要包括以下几个标准，具体标准如表3-7所示。

表3-7 金色降落伞补偿标准

具体标准设定	法律依据
不能超过3年年薪酬的总和	《公司法》第45条和52条分别规定董事的最长任期不得超过3年，监事会任期为3年；规定被解聘的董事或监事的补偿金不得超过其3年薪酬的总和
不能超过剩余任期薪酬的总和	董事、监事及其他高级管理人员获得的补偿金不仅不能超过其剩余任期的薪酬总和，而且应当少于其剩余任期薪酬的总和
不能超过剩余退休年限薪酬的总和	根据《国务院关于工人退休、退职的暂行办法》以及其他有关劳动法的规定，我国企业事业单位职工，男性年满60岁，女性年满55岁应该退休；董事、监事及其他高级管理人员获得补偿金，不仅不应超过其剩余退休年限的薪酬总和，而且应低于其剩余退休年限薪酬的总和

综上所述，金色降落伞条款规定的补偿金数额超过上述标准是超过部分无效还是全部无效，本书经过法律条文验证，认为是整个条款无效，而不是超过部分无效。在这样的情况下，补偿金数额应该根据最低标准确定，而非根据最高标准确定，这样既有利于防止利益输送，又有利于激励股东大会制定合理的补偿金数额。

三、具体条款反收购效果分析

1. 董事候选人提名条款

上市公司章程中规定的董事候选人提名条款，无论是增加持股比例，还是增加持股时间，其目的都是阻碍收购方通过改选现任董事而获得目标公司的控制权。因此，收购方能否顺利通过改选董事入主董事会，获得目标公司控制权，将成为判断董事候选人提名条款反收购效果的依据。

如上节所述，上市公司往往通过提高持股比例、增加持股时间、限制恶意收购方的董事提名权，阻止恶意收购。因此，有必要对提高持股比例、增加持股时间、限制恶意收购方的董事提名权的反收购效果进行分析。

在上市公司并购案件中，提高董事候选人提名权的持股比例确实起到了一定的反收购作用，但这种反收购作用也是极其有限的。这是因为提高持股比例能否起到反收购作用主要取决于两个因素：一是收购方对目标公司收购价值的判断；二是收购方的经济实力。当上市公司决定并购一个目标公司的时候，如果有一定的经济实力，会通过各种方式收购被收购公司的股份，成为第一大股东，而一般情况下第一大股东的持股比例比较高，而且持股比例一般高于公司章程中设定推荐的董事候选人持股比例。所以提高持股比例只能让经济实力较弱的收购方望而却步，而不能阻止任何经济实力强大的收购方获得目标公司的控制权，所以其反收购效果比较弱。

增加持股时间的反收购作用主要是通过增加持股时间，增加收购成本，迫使收购方放弃收购。因为如果要求收购方持股时间较长才能获得董事候选人提名权，收购方就不得不考虑这段时间给自己带来的损失。如《大众交通章程》规定，连续持股达到5年才能获得董事候选人提名权，那么收购者多半会放弃收购。所以，要求连续持股时间过长确实具有较好的反收购作用，但是否合法值得研究。

限制恶意收购方董事候选人提名权，不仅具有延缓收购方入主董事会的作用，而且反收购作用十分明显。如2018年1月《格林美章程》（002340）中规定："若公司被恶意收购并由此导致公司控股股东、实际控制人发生变动的，变动后的公司控股股东、实际控制人在其实际控制公司之日起三年内无权向公司提名累计超过半数的董事人选。"但这样的规定明显违背了"同股同权"的基本原则，其合法性引起很大的质疑。上述条款的反收购效果如表3-8所示。

表3-8 董事候选人提名条款效果分析表

董事候选人提名条款内容	反收购效果分析
提高持股比例	效果弱
增加持股时间	效果强
限制恶意收购方董事候选人提名权	效果强

2. 分层董事会条款

分层董事会制度在20世纪40年代产生于美国，但直到20世纪80年代才在美国真正流行起来，而其真正繁荣发展是在20世纪80年代初到 90 年代初，呈现出显著的递增趋势。目前，尽管美国和中国理论界都对分层董事会有比较大的争议，但是在实践过程中，有相当多的上市公司在章程中制定分层董事会条款。

分层董事会和公司股东权益紧密相连，所以需要解决的第一个问题集中在分层董事会是否会影响公司或股东的权益，第二个问题集中在分层董事会是否具有反收购作用，其反收购效果如何。

分层董事会对公司或股东利益的影响，有的学者认为是积极的，而有的学者认为是消极的，各个不同的观点之间也各有理论支撑。其积极观点和消极观点的对比如表 3-9 所示。

表 3-9　分层董事会对公司或股东利益影响的不同作用

学者观点	观点具体内容
积极观点	（1）分层董事会能够保持公司经营的连续性与稳定性，每年只有少数董事在换届时或任期内被更换，绝大多数董事仍然留在公司工作；他们不仅具有丰富的经营经验，而且熟悉本公司的经营状况，可以在一定程度上保持公司经营的稳定性和连续性，有利于股东的利益 （2）分层董事会能够保持董事的独立性，分层董事会制度能够使董事在较长时期任职，使董事独立于经理层的控制，更多地考虑公司长期利益和实施公司规划
消极观点	分层董事会限制了股东每年对董事业务执行情况的检查权，方便董事逃避责任，不利于公司提高经营效率，因此股东应享有每年挑选董事的权利，而不是限制其挑选董事的权利

持积极观点的学者认为分层董事会能够保持公司经营的连续性与稳定性，更熟悉公司的经营状况，更有利于股东利益。反之，持消极观点的学者认为分层董事会方便董事逃避责任，会降低公司的经营效率。这两种截然相反的观点，是由于分层董事会对企业价值的两面性所导致

的。一方面分层董事会制度降低目标公司被并购的概率，为管理层抵御来自控制权市场的惩戒威胁，增加了管理层的不努力和懒惰行为，导致隐性代理成本增加，可能会造成公司价值的进一步减损。另一方面，分层董事会制度通过提高目标公司在并购中的谈判收益，增加了企业的价值。因此，在分层董事会制度设计时，尤其是过度防御的分层董事会制度，要特别注意管理层的代理问题，尤其是管理层的懒惰行为。

关于分层董事会是否具有反收购的作用，应该结合相关法律规定或公司章程中其他条款才可以确定。从实际效果分析，如果法律允许股东任意罢免任期届满或任期未满的董事，任何分层董事会条款都不能起到反收购作用，因此分层董事会是否发挥反收购的作用，隐含着一个前提即股东不得无故罢免董事。

因此，分层董事会所限制的条件越多，越不容易让股东任意罢免任期届满或任期未满的董事。比如双限制条款，不仅对股东大会选举董事人数有明确的限制，而且也对选举程序进行限制，除了要求每年更换或增加的董事人数不得超过原董事人数的 1/3 或 1/4，同时要求获得出席股东大会的股东所持表决权的 2/3 或 3/4，因此其反收购效力比较强。比如禁止解聘条款，严格禁止股东大会解聘任期未满的董事，除非该董事提出辞职，出现法律、法规和章程规定的不宜担任董事的情形，这一条款的规定直接剥夺了股东罢免任期未满的董事的权利，其反收购效力明显增强。

另外，分层董事会能否发挥反收购作用，还与被罢免董事的经济补偿条款有一定的联系。以 2017 年 8 月《特变电工章程》（600089）中的第 98 条为例进行分析，其公司章程条款规定当发生公司被收购接管的情形时，任期未满被解除职务的董事、监事、总经理等高级管理人员可以获得前 1 年年薪的 1000 倍以上的经济补偿。这样的补偿金条款与分层董事会条款结合起来，足以阻止任何并购行为。因此，研究分层董事会反收购的作用，一般要与相关法律和公司章程中的其他条款结合起来判断，尤其是当分层董事会条款与金色降落伞条款结合起来综合使用的时候，其反收购的效果会表现得更强。

3. 金色降落伞条款

很多学者都对金色降落伞这一话题进行了深入的研究，对其认知持有不同的观点。持积极观点的学者认为金色降落伞不仅仅有利于公司留住管理层，也更容易雇到理想的管理层，在对管理层保护的基础上，有利于阻止恶意并购行为的发生。持消极观点的学者认为任何职业都有被解雇的风险，高管应该积极面对这一风险，而不应因被解雇获得补偿。金色降落伞有可能仅仅带来严重的代理问题，却不能有效阻止恶意并购行为的发生。

如上所述，被解聘的董事、监事及其他高级管理人员所获得的补偿金不能超过其剩余任期薪酬的总和。然而我国上市公司为了阻止恶意收购，金色降落伞条款规定的补偿金几乎全部高于剩余任期薪酬的总和。

根据 2017 年 8 月《特变电工章程》（600089）第 98 条的规定：“任期未满被解聘的董事可以获得上一年年薪 1000 倍的补偿金，即一旦被解聘，董事即可一次性获得 1000 倍的年薪总和。”此条“金色降落伞”条款反收购的效力非常显著，但是否具有法律效力值得进一步研究。

再如 2017 年 8 月《鲁泰 A 章程》（000276）第 96 条规定：“任期未满被解聘的董事长、副董事长、董事（监事）或高级管理人员，可以分别获得净利润值的 20%、10%、5%、1% 的经济补偿，但一旦发生解聘，董事长、副董事长、董事（监事）或高级管理人员可以拿走公司 1 年利润的 60% 作为补偿。”设置这样的金色降落伞条款似乎有赌博的性质，如果公司的利润越高，被解聘的董事长、副董事长、董事（监事）或高级管理人员获得的补偿金越多，而如果公司发生亏损，被解聘的董事长、副董事长、董事（监事）或高级管理人员则无法获得任何经济补偿，因此任何赌博性的经济补偿性条款都属于无效条款。虽然此条金色降落伞条款并不合理合法，但是其反收购的效力非常显著。

第四节　外部功能化分析

一、对企业创新的影响机理

对反收购条款持悲观态度的学者主要基于管理层堑壕假说，研究发现设立反收购条款是公司管理层自利动机的表现，其主要目标体现为保护管理层，而忽视了对企业创新的长期投资。Stein 等（1988）立足于公司管理层决策视角，研究发现公司管理层为了避免企业估值被低估，导致其更容易遭受恶意收购，通常倾向于花费更多精力投资为公司带来更快、更确定收益的短期项目，导致对长期创新的投资不足。Sapra（2015）认为反收购条款阻碍了外部资本市场的监督效应，管理层在内部进一步巩固了权力，从而使管理层安于现状，减少企业长期创新活动。Meulbroek 等（1990）也验证了这一观点，反收购条款容易导致管理层懒政，进而减少研发投入，促使隐性代理成本进一步增长。Ravi 等（2012）的研究也验证了反收购条款与企业创新投入的负相关关系，Atanassov（2013）进一步研究发现，反收购条款与企业创新的负相关关系，不仅体现在专利产出数量的减少，也体现在专利质量的下降。

　　对反收购条款持乐观态度的学者主要基于管家理论假说、长期价值创造理论假说，研究发现反收购条款通过降低短期投资者压力，进而缓解被收购威胁，允许管理层将精力更多集中于企业长期创新。Chemmanur和 Jiao（2012）研究发现反收购条款可以减少短视行为，提高长期创新项目的投资数量。Chemmanur 和 Tian（2018）进一步验证了反收购条款对企业创新的促进作用，即企业采用越多的反收购条款，越可以更好地保护管理层远离短期资本市场压力，保持长期创新能力。

　　从不同的利益主体出发，研究发现过度防御反收购条款，更多被划分为两类：一类是以维护董事会控制权为核心过度防御反收购条款，主要包括董事候选人提名权和分层董事会；另一类体现为以维护管理层控制权为核心的过度防御反收购条款，主要包括金色降落伞条款。然而，董事会作为股东的代表，其与管理层之间是存在一定的矛盾的，表现在管理层为降低被收购风险，而选择一定程度上减损股东价值。许金花（2018）也验证了这一观点，研究发现股东财富与反收购强度呈负相关关系，其原因体现在管理层牢牢把控反收购条款的修订，维护了管理层的自身利益的同时，损害了股东的利益。因此，基于管理层视角，认为反收购条款过度防御会增强公司管理层自利动机，管理层更倾向于个人舒适空间，减少长期不确定性高的企业创新活动。而基于以董事会为代表的股东视角，认为反收购条款过度防御会降低公司被收购的威胁，缓解短期投资者压力，将精力放在长期技术创新方面。在我国特殊的制度背景下，反收购条款过度防御对企业创新的影响取决于管理层和董事会双重视角影响下的综合影响。其具体影响机制如图 3-2 所示。

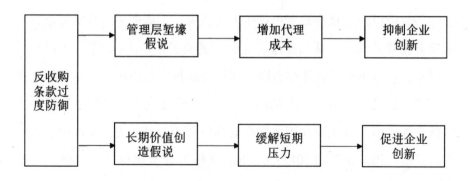

图 3-2 对企业创新的影响机理

二、对企业价值的影响机理

已有研究发现反收购条款的设置更可能是维护管理层地位的方式之一,很多学者都验证了堑壕假说(Gompers 等,2003;陈玉罡和石芳,2014)。公司管理层为了避免企业被低价收购,通常倾向于投资为公司带来更快、更确定收益的短期项目,导致长期创新投资不足(Stein 等,1988),损害企业的长期价值。Schepker 等(2016)研究发现毒丸计划实施后长期市场财富效应为负,说明资本市场总体认定堑壕效应大于管家效应。Cohen 和 Wang(2017)运用自然实验法研究发现,分层董事会条款会降低企业价值。Gormley 和 Matsa(2016)研究发现公司的防御能力较强,倾向于建立商业帝国,没有考虑到投资决策的最优化,从而减损企业价值。张伟华(2019)立足于我国新兴市场的实践数据,研究发现设置反收购条款对公司价值具有显著的负效应,且显著增加了第二类代理成本。

反之,很多学者支持长期价值假说,认为反收购条款在一定程度上可以降低被收购风险,对企业价值有积极影响(Sanjeev 等,2017;Cremers 等,2017;Stráska and Waller,2014)。Sanjeev 等(2017)认为反收购条款可以成为抵御短期市场压力的盾牌，不需要进行真实盈余管理来迎合投资者需求，从而促进企业价值的提升。Cremers 等（2017）研究发现分层董事会条款能够激励公司管理层投资长期项目，从而带来企业价值的提升。Stráska and Waller（2014）研究发现反收购条款不一定降低企业价值，其主要作用体现在提高公司的谈判能力，从而避免被并购的风险。Bhojraj 等（2017）以州法律作为外生事件，主要研究创新型公司的价值效应，研究发现反收购条款能够促进企业价值的提升。Chemmanur 等（2011）研究发现对于管理层素质水平较高的公司，反收购条款有利于提升企业财务指标。Johnson 等（2015）以 IPO 企业作为研究对象，研究发现反收购条款有助于稳定企业管理层和上下游关系，提升了 IPO 企业的价值和业绩表现。

过度防御的金色降落伞条款更支持管理层堑壕假说，认为其过度防御性体现在公司管理层自利行为的表现，更多是维护管理层的控制权。而过度防御的董事候选人提名权和分层董事会条款更多支持控股股东堑壕假说，认为反收购条款在保护管理层的同时，也巩固了控股股东的地位，从而为大股东掏空行为提供了庇护。然而，董事会作为股东的代表，其与管理层之间是存在一定的矛盾的，表现在管理层为降低被收购风险，而选择一定程度上减损股东价值，而董事会支持长期价值假说。长期价值假说认为设立反收购条款可以向投资者传递出管理层和大股东对于企业长期经营和发展有信心的积极信号，保护管理层和大股东免受市场压力，避免出现短期决策行为。在我国特殊的制度背景下，过度防御反收购条款如何影响企业价值取决于堑壕假说（管理层堑壕、股东堑壕）和长期价值假说的综合影响。其具体影响机制如图 3-3 所示。

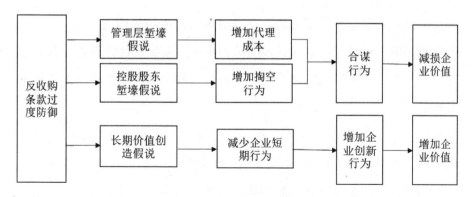

图 3-3 对企业价值的影响机理

第五节 分析与启示

内部结构化分析立足于判断反收购条款法律效力标准的基础上,分析具体反收购条款的法律效力并进行效果分析,得到结论如下。

(1)判断董事候选人提名条款是否有效的标准主要集中在以下三个方面:一是不得违反公司法律法规的强制性规范;二是符合公平公正和不歧视的原则;三是不得损害中小股东的合法权益。将持股比例高于3%作为限制股东董事候选人提名权的反收购条款,因违反《公司法》第102条和《上市公司章程指引》第53条的具体内容而无效。将持续持股时间作为限制股东董事候选人提名权的反收购条款,因违反《公司法》第4条和第102条第2款的具体内容而无效。限制恶意收购方的董事候选人提名权,因为违反公司法律法规的平等性原则,所以也属于无效条款。

(2)分层董事会条款一旦与股东参与选择公司管理者的权利发生

冲突，分层董事会条款则无效。在康达尔的判决书中明确指出："股东表决权是股东行使自己意志、参与公司重大决策和选择管理者等其他股东权利的方式，系股东的根本性、固有性权利，对其限制或剥夺，是不合理的。"

（3）对于金色降落伞条款而言，最重要的是确定补偿金数额高低的标准。根据《公司法》有关条款，提出判断金色降落伞条款效力的标准如下：不得超过董事和监事 3 年薪酬的总和；不能超过董事、监事及其他高级管理人员剩余任期薪酬的总和；不能超过剩余退休年龄薪酬的总和。以上三个标准是董事、监事及其他高级管理人员全负荷工作所得的薪酬，被解聘之后他们不再为公司工作，故其实际补偿金额应为其应得补偿金额的 60%~80%，而并非全部。

外部功能化分析立足于反收购条款过度防御本身，剖析其对企业创新和企业价值的影响机理，结论如下。

（1）对企业创新的影响机理主要基于管理层视角，认为反收购条款过度防御会增强公司管理层自利动机，管理层更倾向于个人舒适空间，减少长期不确定性高的企业创新活动。而基于以董事会为代表的股东视角，认为反收购条款过度防御会降低公司被收购的威胁，缓解短期投资者压力，将精力放在长期技术创新方面。在我国特殊的制度背景下，反收购条款过度防御对企业创新的影响取决于管理层和董事会动态博弈下的综合影响。

（2）对企业价值的影响机理主要体现在过度防御的金色降落伞条款更支持管理层堑壕假说，认为其过度防御性体现在公司管理层自利行为的表现，更多是维护管理层的控制权。而过度防御的董事候选人提名权和分层董事会条款更多支持控股股东堑壕假说，认为反收购条款在保护管理层的同时，也巩固了控股股东的地位，从而为大股东掏空行为提供了庇护。然而，董事会作为股东的代表，其与管理层之间是存在一定的矛盾的，表现在管理层为降低被收购风险，而选择一定程度上减损股东价值，而董事会支持长期价值假说。长期价值假说认为设立反收购条款可以向投资者传递出管理层和大股东对企业长期经营和发展有信心的积极信号，保护管理层和大股东免受市场压力，避免出现短期决策行为。在我国特殊的制度背景下，过度防御反收购条款如何影响企业价值取决于堑壕假说（管理层堑壕、股东堑壕）和长期价值假说的综合影响。

第四章　反收购条款过度防御指标体系构建

相较于美国、英国对反收购行为比较中立的立法态度，我国的立法空间相对比较挤压，我国上市公司趋向于选择预防性反收购策略，即在公司章程中设置反收购条款。同时由于我国公司章程自治的现实背景，我国上市公司设置的反收购条款表现出过度防御的核心特征。

本章的相关研究围绕"反收购条款过度防御"这一核心问题展开，首先明确过度防御的内涵与表征，在此基础上构建过度防御指标体系，包含指标体系的基本内容、设定标准及衡量标准三方面内容。凸显投服中心对反收购条款的有效监管，完善过度防御指标体系的构建。

第一节　过度防御的内涵与表征

反收购条款过度防御，是指公司管理层和董事会为了抵御恶意收购，应对公司控制权被抢夺的巨大风险，为了减轻被收购的焦虑，在上市公司章程中设置的过度保护自身控制权的反收购条款。过度防御反收购条款的内涵表现为以保护被收购方自身控制权为核心，而忽略了符合强制性公司法律规范、符合公平公正和不歧视的原则、不得损害中小股东利益等基本原则。过度防御反收购条款的表征体现在其反收购条款的具体指标设计远远超出法律法规的基本要求，过度保护被收购方的自身控制权，使得公司控制权的转移和收购的外部监督机制很难实现，降低了资本市场的活跃度，抑制了股票市场的流通程度。

在我国资本市场中存在很多过度防御的反收购条款，以股东董事候选人提名权条款为例进行分析，2017 年 3 月《雅化集团章程》（002497）第 97 条规定"单独持有或合并持有公司发行在外股份总数的 30% 以上有表决权的股东才享有董事候选人提名权"，此类反收购条款将持股比例要求从 3% 提高到 30%，属于过度防御反收购条款。

第二节　过度防御指标体系的构建流程

一、指标体系的基本内容

首先，通过在证监会指定的信息披露网站——巨潮资讯网的上市公司历史公告平台输入关键词"章程""修改""董事会""投服中心""行政函"等进行人工搜索，并按会计年度逐条翻阅公司章程（修订版）、修改章程公告和相关董事会公告。通过数据收集研究发现，反收购条款存在问题并进行修改主要集中在以下三类条款：董事候选人提名权（62.05%）、分层董事会（13.65%）、金色降落伞（7.04%）等。

其次，从案例分析角度出发，在投服中心网站上搜集其特色维权服务案例 45 个，其中涉及董事候选人提名权限制的有 31 个，涉及董事结构（分层董事会）的有 9 个，涉及金色降落伞的有 3 个，披露义务有 1 个，关于"恶意收购的不当设定"有 1 个。其特色维权案例还是集中在董事候选人提名权（68.89%）、分层董事会（20.00%）、金色降落伞（6.67%）三个方面。

最后，根据上市公司章程的修订内容，与投服中心特色维权服务案例相结合，确定指标体系的基本内容包括董事候选人提名权、分层董事会和金色降落伞三类条款。

二、指标体系的设定标准

将《公司法》《上市公司收购管理办法》的具体条款要求与投服中心行权函的内容相结合，确定其基本标准。

1. 董事候选人提名权限制

董事候选人提名权是指上市公司董事会换届或更换董事会成员或增加新董事会成员时，股东有权向股东大会推荐拟进入董事会的人选，并提交股东大会决议的一项非常重要的权利。董事候选人提名权是董事在选聘公司管理者时享有的一项主动权，董事候选人选举权是股东在选聘公司管理者时享有的一项被动权，因此，董事会候选人提名权比董事候选人选举权更重要。

将"提案、单独或者合并、候选人"等词作为关键词，其依据是 2018 年 3 月《金莱特章程》（002723）第 51 条、2017 年 6 月《千山药机章程》（300216）第 82 条、2016 年 10 月《大众交通章程》（600611）第 82 条、2017 年 11 月《泰达股份》（000652）第 44 条、2017 年 5 月《大冷股份》（000530）第 5.4 条等条款。

董事会提名权限制是比较常见的反收购条款，但其内容具有很大的差异性：董事候选人提名权的持股比例最低为 1%，最高则达到 30%；

董事候选人提名连续持股最短时间为 3 个月，最长时间是 5 年；有些公司章程直接限制董事候选人资格，甚至直接剥夺股东的董事候选人提名权等。

（1）董事提名权持股比例限制

结合《公司法》第 102 条第 2 款的内容，投服中心行权函〔2017〕1242 号文件要求德新交运（603032）将公司章程中关于董事提名权持股时间限制进行修改，认定"将推荐董事候选人的持股比例提高到 3% 以上"属于过度防御反收购条款。

（2）董事提名权持股时间限制

结合《公司法》第 102 条第 2 款的内容，投服中心行权函〔2017〕1146 号文件要求峨眉山 A（000888）将公司章程中强加连续持股时间作为股东推荐董事候选人的条件进行修改，认定"强加连续持股时间作为股东推荐董事候选人的条件"属于过度防御反收购条款。

（3）董事资格审查

结合《公司法》第 102 条第 2 款和《上市公司章程指引》第 53 条的内容，投服中心行权函〔2017〕134 号文件要求天业股份（600807）将公司章程中直接剥夺恶意并购方的董事候选人提名权的条件进行修改，认定"直接剥夺恶意并购方的董事候选人提名权的条件"属于过度防御反收购条款。

2. 分层董事会

《公司法》第 45 条第 1 款规定："董事任期由公司章程规定，但每届任期不得超过三年。董事任期届满，连选可以连任。"《上市公司收购管理办法》第 8 条和第 33 条，《公司法》第 16 条、第 121 条、第 142 条等也对反收购行为做出规定。但并不意味着在任何情况下公司的分层董事会条款都是合法有效的，分层董事会最重要的特征是不得剥夺股东选择公司管理者的权力。

将"选举、更换、不超过、不得超过"等词作为关键词，检索有关上市公司章程中的分层董事会条款。选择关键词的依据是 2017 年《东方集团公司章程》（600811）第 96 条、2017 年 11 月《中科三环章程》（000970）第 97 条、2017 年 4 月《凯恩股份公司章程》（002012）第 5.2.2 条。

结合投服中心行权函〔2017〕374 号文件要求茂业通信（000889）对分层董事会条款的修改，认定"对董事的类别更换进行限制"属于过度防御反收购条款。

3. 金色降落伞

金色降落伞条款，是指公司章程规定在发生公司并购或其他特殊事件时，公司根据公司章程规定，一次给予被解聘的任期未满的董事及其他高级管理人员一定经济补偿的条款。虽然金色降落伞属于公司自治范畴，但是金色降落伞的补偿金额也不应超过合理限度。从目前上市公司章程中规定的金色降落伞条款来看，其规定的补偿金额差距较大，最低补偿金为被解聘董事年薪总和的 3 倍，最高为 1000 倍。

将"报酬、补偿金、并购、聘任合同"等词作为关键词，检索有关上市公司章程中的金色降落伞条款。选择关键词的依据为 2017 年 9 月《深圳惠程章程》（002168）第 10 条、2018 年 1 月《天首发展章程》（000611）第 135 条、2017 年 8 月《西藏天路章程》（600326）第 97 条。

结合投服中心行权函的内容要求，确定被解聘任期未满的董事及其高级管理人员的补偿金额，不仅不应超过其剩余任期薪酬总和的薪酬，而且一般应为剩余任期薪酬总和的 80%，认定"被解聘任期未满的董事及其高级管理人员的补偿金额，超过剩余任期薪酬总和的 80%"属于过度防御反收购条款。

综上所述，反收购条款过度防御指标体系具体指标设计如表 4-1 所示。

表4-1　反收购条款过度防御指标

指标设计	法律依据	投服中心行权案例支撑
董事候选人提名权		
将推荐董事候选人的持股比例提高到3%以上	《公司法》第102条第2款	德新交运（603032）投服中心行权函〔2017〕1242号
强加连续持股时间作为股东推荐董事候选人的条件	《公司法》第102条第2款	峨眉山A（000888）投服中心行权函〔2017〕1146号
直接剥夺恶意并购方的董事候选人提名权的条件	《公司法》第102条第2款《上市公司章程指引》第53条	天业股份（600807）投服中心行权函〔2017〕134号
分层董事会		
对于董事的类别更换进行限制	《公司法》第45条第1款，第16条、第121条、第142条《上市公司收购管理办法》第8条和第33条	茂业通信（000889）投服中心行权函〔2017〕374号
金色降落伞		
确定被解聘任期未满的董事及其高级管理人员的补偿金额，超过剩余任期薪酬总和的80%	《公司法》第21条第1款，第37条第2款，第46条第9款，第103条第2款《上市公司治理准则》第32条《上市公司收购管理办法》第33条	多氟多（002407）深交所问询

三、指标体系的衡量标准

结合表4-1的具体内容,反收购条款的过度防御认定标准包括"将推荐董事候选人的持股比例提高到3%以上""强加连续持股时间作为股东推荐董事候选人的条件""直接剥夺恶意并购方的董事候选人提名权的条件""对于董事的类别更换进行限制""确定被解聘任期未满的董事及其高级管理人员的补偿金额,超过剩余任期薪酬总和的80%",上市公司章程中的条款内容只要符合以上任何一个标准,就属于过度防御反收购条款。

过度防御反收购条款(*ATP over*),主要包括董事提名权持股比例限制、董事提名权持股时间限制、董事资格审查制度、分层董事会和金色降落伞五类过度防御反收购条款。①如果上市公司章程中设置关于董事提名权持股比例限制的过度防御条款(*SL over*),那 *SL over* 取值为1,否则为0。②如果上市公司章程中设置关于董事提名权持股时间限制的过度防御条款(*TL over*),那 *TL over* 取值为1,否则为0。③如果上市公司章程中设置关于董事资格审查的过度防御条款(*QE over*),那 *QE over* 取值为1,否则为0。④如果上市公司章程中设置关于分层董事会的过度防御条款(*SB over*),那 *SB over* 取值为1,否则为0。⑤如果上市公司章程中设置关于金色降落伞的过度防御条款(*GP over*),那 *GP over* 取值为1,否则为0。

过度防御反收购条款(*ATP over*)是虚拟变量,当上市公司章程中设置了上述中的任意一种过度防御反收购条款,*ATP over* 取值为1,否则为0。

第三节　投服中心对反收购条款的有效监管

一、投服中心简介

尽管目前我国证券市场上有超过 3000 家上市公司，投资者人数突破 1 亿人次，但是其中的成熟投资者比例却比较低，因为投资者知识、经验、资金、信息等重要因素的制约，需要投资者积极行使的权利很难有效实现。

从我国投资者群体的总体态势来看，投资者在行权意愿和维权能力上存在不足，表现为：投资者缺乏参与性、专业性、主动性等基本特征。为了更好地保护投资者权利，我国积极探索建立中小投资者自律组织和公益性维权组织，向中小投资者提供救济援助，完善投资者保护组织体系是弥补当前缺陷的有力措施。一方面从结构上弥补成熟投资者数量的不足，从而强化投资者权益保护自为机制；另一方面从功能上可以让投资者行使民事权利，从而启动证券民事权利的实现机制，优化配置证券市场上的民事权利资源。

基于如上背景，2014 年 12 月投服中心作为证监会批准设立并直接管理的证券金融类公益机构应势而生，其主要职责就是为中小投资者自主维权提供教育、法律、信息、技术等服务。目前，随着持股行权、纠纷调解、诉讼及支持诉讼等各项工作的陆续展开，投服中心为保护中小投资者权益而组织开展的维权活动在资本市场获得了良好的反响和积极的评价。其中制度创新最为明显、实施效果最为显著的措施就是投服中

心的"持股行权"。下节内容主要围绕"持股行权"这一特色维权措施
展开讨论。

二、投服中心"持股行权"

1. 持股行权的理论基础

持股行权是我国资本市场的新生事物，它特指投服中心作为证监会
批准设立并直接管理的证券金融类公益机构，按照证监会的要求，"公
益性持有证券等品种，以股东身份行权维权"，简称"持股行权"。具
体而言，就是投服中心通过购买并持续持有上市公司、挂牌公司股份的
方式（数量上通常为100）来获得证券投资者身份，然后再以此身份在
证券市场运行的各个环节行使投资者权益，从而实现积极保护投资者权
益的市场态势，确保证券法宗旨的有效实现。

与证券市场其他投资者保护机制相比，持股行权的特殊性主要体现
在以下四个方面：一是持股行权主体的唯一性；二是持股行权方式的特
殊性；三是持股行权目的的公益性；四是持股行权行为的创新性。其主
要特征的具体含义与解释如表4-2所示。

表4-2　投服中心的主要特征

主要特征	具体解释
持股行权主体的唯一性	投服中心是证监会批准设立并直接管理的专门负责组织和实施持股行权的证券金融类公益机构，未经证监会批准，任何单位和个人不得从事持股行权业务，持股行权主体具有特定性和唯一性
持股行权方式的特殊性	"持股"表现为投服中心是通过购买并持续持有我国证券市场全部上市公司每家股份100股的方式来获得上市公司股东身份 "行权"表现为投服中心在持有上市公司的股票后，以股东身份或接受其他股东的委托，行使查阅权、建议权、质询权、表决权等

续表

主要特征	具体解释
持股行权目的的公益性	投服中心是证监会批准设立并直接管理的证券金融类公益机构，它以保护证券市场中小投资者为要旨，不进行利润分配，不以参与者的利益最大化为目标
持股行权行为的创新性	持股行权是由政府发起，但又主要依靠市场力量运作的创新性维权举措，它与行政监管、自律管理共同构成我国保护中小投资者合法权益的"三驾马车"，是一种具有中国特色的中小投资者保护的创新机制

2. 持股行权的现实实践

投服中心对投资者权利的保护主要体现在协助其行使权利并给予权利救济两个方面。综观国内外中小投资者维权组织的运行情况，其主要职能包括如下内容：咨询服务；受理投诉；行权维权；投资者教育；立法保护。具体职能如表4-3所示。

表4-3 国内外中小投资者维权组织职能

主要特征	具体内容解释
咨询服务	向中小投资者提供信息和相关咨询服务
受理投诉	受理中小投资者的投诉，并进行调查、调解
行权维权	代表或协助中小投资者行权维权
投资者教育	开展投资者教育工作
立法保护	推动证券投资者保护立法

目前实践中，投服中心既包含国内外中小投资者维权组织职能，又突出中国特色的职责设定，即积极回应投资者行权、维权过程中遭遇的普遍性、突出性问题，着重履行持股行权、提起或支持诉讼、证券纠纷调解等国务院证券监督管理机构规定的职责。投服中心的具体职能如表4-4所示。

表4-4 投服中心具体职能

主要职能	具体内容解释
持股行权	维权组织通常在每一家上市公司中持有100股股票，维权组织可以普通股东身份参与公司治理，如通过参加股东会议，通过投票以及提起股东建议方式有效促进上市公司规范运作，督促其积极落实中小投资者权益保护相关政策，提升上市公司整体投资者保护水平
提起公益诉讼或支持诉讼	提起公益诉讼是指投服中心以投资者保护组织名义，代表证券市场中特定或不特定的受侵害投资者整体利益提起的诉讼；支持诉讼则是以受损投资者为原告，投服中心发挥专业和信息优势，为投资者提供诉讼支持
调解纠纷	为避免诉讼机制的高成本，投服中心可以发挥调解机制的作用，即投服中心作为居中独立的第三方机构，接受投资者等当事人申请，通过专业、高效和便捷的调解服务，妥善化解证券纠纷
接受申诉并提供咨询职能	维权组织要建立投资者服务热线，当受到不公平对待时，投资者可以通过该热线进行申诉，或者直接向维权组织提起书面申诉
投资者教育	维权组织需要建立专门网站，并定期出版投资者保护刊物等来增强对投资者的教育
影响立法进程	为从制度根源上保障有关投资者权益规定的公平、公开，确实反映投资者意愿，维权组织应积极参与有关投资者权益的立法进程或修法进程

2016年1月27日，投服中心《持股行权试点方案》获证监会正式批复，同年2月19日，试点工作率先在上海、广东和湖南启动，2017年4月持股行权试点工作扩大至全国范围。投服中心在持股行权方面，主要采取了以下保护措施，具体措施如表4-5所示。

表 4-5 保护投资者权益的具体措施

措施名称	具体程序	具体目的	具体效果
发送股东建议函	对于公司重大经营决策、上市公司收购方案等，投服中心以股东名义发送建议函；公司在收到建议函时，认真给予回应	建议完善公司章程，督促落实相关政策；建议取消不当限制股东权利的条款	截至 2017 年年底，已完成全部辖区 3000 多家公司章程的搜索分析，向上海、湖南、广州、山西、重庆、河北等 31 个省、市、自治区发送了 1516 份股东建议函，提出 3000 余条建议
参加股东大会	在上市公司召开股东大会时，投服中心委派工作人员或律师等专业人员，以股东代表的身份参加股东大会，并行使质询权、表决权，促进公司规范治理	重点针对高送转配套股东减持、现金分红、公司治理规范性等投资者关注的问题和事项向上市公司提出了建议和质询	投服中心集中参加了城投控股、塔牌集团、中安消、海利生物、现代投资等 55 家上市公司股东大会，并于会后及时向上市公司发送股东建议质询函
股东大会之外期间现场行权	在上市公司不召开股东大会期间，投服中心以股东身份到上市公司经营场合进行现场行权，如查阅公司财务资料等，上市公司基本予以配合	通过查阅，针对发现的上市公司董监高缺席股东大会、会议记录不完整、计票监票不合规等情况，投服中心现场提出了建议	截至 2017 年年底，投服中心以股东身份对上海、安徽、重庆、江苏等 12 个辖区共计 141 家上市公司行使查阅权，现场查阅了公司章程、股东名册、股东大会会议记录、董事会会议决议、监事会会议决议、财务会计报告等资料
参加上市公司说明会	在上市公司举行发行新股、发行公司债、收购合并等说明会时，投服中心派员参加，督促上市公司认真履行信息披露义务	投服中心站在中小投资者的立场，对重组不确定性、估值合理性、业绩承诺可实现性、中介机构是否勤勉尽责等方面提出问题	截至 2017 年年底，投服中心参加上市公司重大资产重组媒体说明会的范围已全部涵盖上海证券交易所、深圳证券交易所，共参加了狮头股份、四通股份、宁波富邦、恒力股份、中安消、卧龙地产等 34 场媒体说明会

措施名称	具体程序	具体目的	具体效果
公开发声	上市公司忽视甚至侵害中小股东利益而实施不当行为时，投服中心以股东身份并代表中小投资者公开发声，利用媒体阐明立场，充分发挥舆论的影响力和约束力	抑制上市公司忽视甚至侵害中小股东利益的不正当行为	投服中心每次公开发声，中央及主流财经媒体、地方媒体、各大门户网站均作报道，反响积极，取得了较好的效果

三、投服中心对反收购条款的监管

对于过度着眼于短期利益的公司收购行为，收购者可能只是追求短期的公司溢价而忽视公司运营的整体价值，从而不利于公司的长远发展，这使适当的反收购措施变得必要。但反过来分析，如果任由公司设置反收购条款来增加公司收购的成本和难度，则可能导致公司控制权市场应有的制度功能被架空。我国公司治理实践中，普遍存在大股东掏空小股东行为，大股东很有可能利用公司章程中的反收购条款抵御收购行为，这迫使公司章程条款的设计更多地出于对大股东利益的考量，因此，很多上市公司会在公司章程中设置过度防御的反收购条款，据此，投服中心有必要对公司的章程条款进行审查，发现设置不合理的反收购条款，并提出相关意见。

证监会对公司章程的审查主要体现在对上市公司的监管中，证监会发布的《上市公司章程指引》作为行业规范，为上市公司的章程制定与修订提供了模板。此外，证监会对上市公司的章程审查主要体现为对公司章程中反收购条款的审查以及其他内容的审查，其中关于对上市公司章程中反收购条款的合法性审查，《上市公司收购管理办法》第80条第2款规定："上市公司章程中涉及公司控制权的条款违反法律、行政法规和本办法规定的，中国证监会责令改正。"据此，对上市公司章程合法性的审查，主要依据是否符合法律、行政法规与《上市公司收购管理办法》的相关规定。

投服中心自成立以来，依据其现有定位与职能，在公司治理与公司章程的检索与分析方面开展了一系列工作。截至 2017 年年底，投服中心完成了除湖南、广东、上海 3 个试点辖区之外 33 个辖区共计 2730 家上市公司章程的搜索工作，在章程的搜索与整理过程中，研究发现上市公司章程在投票制度、分红制度、不当反收购等方面不同程度地存在一些问题。

同时整理发现，大股东持股比例与不合理设置反收购条款数量呈反相关关系。例如，以北京辖区为例进行分析，第一大股东持股比例在30%以下的公司中，平均每个公司设置 0.4 条不合理的反收购条款；第一大股东持股比例在 30%~50% 的上市公司中，平均每个公司设置 0.3 条不合理的反收购条款；第一大股东持股比例在 50% 以上的上市公司中，平均每个公司设置 0.24 条不合理的反收购条款。这说明，上市公司股权结构越集中，对中小股东投票权的限制就越多，在公司章程中设置不合理反收购条款的问题就越少。具体分析如图 4-1 所示。

从反收购条款内容角度分析，上市公司章程中的反收购条款主要集中在限制股东对董事和监事的提名提案权以及规定董事会换届的留任比例上。如图 4-2 所示，共 665 家公司章程设有限制股东提名提案权的条款，126 家公司对董事会换届时规定了董事的留任比例。自"宝万之争"之后，为防止"野蛮人"入侵，多家上市公司修改公司章程，引入不合理的反收购条款，防止公司被市场化收购，不合理地限制股东权利或增加股东义务、抬高股东行权门槛。

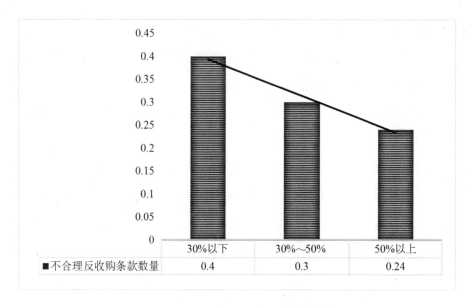

图 4-1　股权结构与不合理的反收购条款

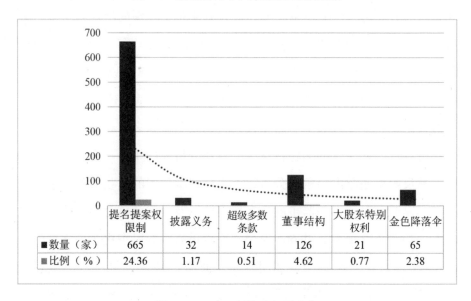

图 4-2　不合理反收购问题分布

在对上市公司章程进行整理和分析的基础上，投服中心结合上市公司章程中存在的问题提出了完善公司章程的建议，这些建议主要包括三方面内容：第一，基于上市公司小股东的角色定位向公司发送股东建议函修改公司章程，或者在大量数据分析调查的基础上根据上市公司的行业、体量、股权结构等制定不同的公司章程模板供公司选择，督促上市公司不断完善公司章程；第二，投服中心根据其股东身份行使相关股东权利来监督公司对章程的实际执行；第三，建立上市公司章程评价体系，对上市公司章程的完善和执行情况进行评价。

第四节　分析与启示

如何科学化地衡量反收购条款过度防御这一行为是本章要解决的重要问题，而评价的关键是如何对反收购条款过度防御这一行为进行计量。在我国现实背景下，对于反收购条款过度防御这一问题并没有形成统一的衡量标准，更多侧重于对案例事件和法律效力的相关研究，导致其研究的随意性和主观性比较大，从而使反收购条款过度防御行为的衡量面临三大难题：一是反收购条款过度防御难以量化，极大制约了相关实证研究的进展；二是相关法律条文和公司实践的巨大差异，导致相关研究者对其法律效力难以衡量；三是公司章程的制定更多的是一种公司内部讨论的成果，更需要细化为公司内部董事视角和高管视角进行深入研究。

因此，本章遵循"确定指标基本内容—明确设定标准—构建衡量标准"这一逻辑主线。一是确定指标基本内容，通过逐条翻阅公司章程（修订版）、修改章程公告和相关董事会公告与投服中心特色维权服务案例相结合明确设定标准，确定指标体系的基本内容包括董事候选人提名权、分层董事会和金色降落伞。二是明确设定标准，将《公司法》《上市公司收购管理办法》的具体条款的要求与投服中心行权函的内容相结合，确定指标体系的基本标准。反收购条款的过度防御认定标准包括"将推荐董事候选人的持股比例提高到3%以上""强加连续持股时间作为股东推荐董事会选人的条件""直接剥夺恶意并购方的董事候选人提名权的条件""对于董事的类别更换进行限制""确定被解聘任期未满的董事及其高级管理人员的补偿金额，超过剩余任期薪酬总和的80%"。三是构建衡量标准，上市公司章程中的条款内容只要符合以上任何一个标准，就属于过度防御反收购条款。在确定指标评价方法的基础上，对指标衡量标准进行界定，为后续的实证研究奠定计量基础。

第五章 上市公司反恶意并购案例研究①

随着"宝万之争"越演越烈，相关反恶意并购案例也引起了相关学者的关注。通过对康达尔反京基恶意并购和伊利股份反阳光保险恶意并购事件的梳理，对反收购事件的本质与实践应用有更深刻的理解和认识，有助于更好地理解公司章程中设置的反收购条款的法律和实践的双重意义。

第一节 康达尔反京基恶意并购

一、并购双方基本情况分析

1. 目标公司康达尔概况

深圳市康达尔（集团）股份有限公司（以下简称"康达尔"或"康达尔集团"），最初于 1979 年成立，前身是深圳市养鸡公司，主要

---

① 并购案例数据均来自上市公司年报等公开发表数据

从事家禽的培养和销售。在经历股份制改组之后，公司于 1994 年 11 月 1 日在深交所挂牌上市，是中国第一个农牧行业的上市公司，注册资本达 8280 万元。公司的主要经营范围涵盖养殖鸡、鸡苗、禽蛋、生产制造肉制品、房地产开发、货物及技术进出口、房屋租赁等多个方面。经过近 30 年的发展，康达尔成为集饲料生产、自来水供应、房地产开发、公共交通运输、商业贸易、养殖业、房屋及土地租赁、物业管理等多种产业于一体的多元化集团公司。康达尔的具体股权结构如图 5-1 所示。

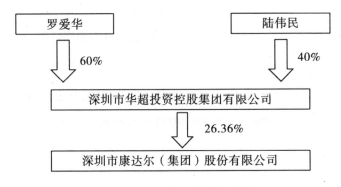

图 5-1 康达尔公司的股权结构

2002 年，康达尔第一大股东——深圳市龙岗区投资管理公司，将所持有的 26.36%国有股转让给深圳市华超投资控股集团有限公司。随后的 10 年间，华超作为股份比例唯一超过 20%的股东，一直牢牢占据着第一大股东的地位。随着股权分置改革的逐步推进，康达尔公司的限售股开始慢慢上市流通，进入二级市场。截至 2013 年 12 月 31 日，康达尔公司流通股比例为 97.21%，其中深圳市华超投资控股集团有限公司持有康达尔股权比例为 26.36%，华超公司的股东和实际控制人罗爱华的配偶陆伟民，作为华超的一致行动人，持有 3,924,824 股，约占总股份数的 1%。

自 2002 年以来，康达尔基本都处于亏损状态，年均亏损额达 800

多万，"ST"代码长期未摘掉。从康达尔的业务板块来看，主营业务家禽饲养和饲料生产长期亏损，房地产开发、自来水供应等板块有所盈利。

从2002年到2015年的财务数据可以看出，2010年之前，尽管公司的营业收入稳中有升，但是净利润和股东权益呈现低迷趋势，在有些年份甚至为负值。2010年之后，康达尔的经营业绩有所改善，主要是饲料生产和家禽养殖业务转亏为盈，政府拨付征地补偿款。2011年，公司的净利润有明显幅度的增长，主要是在政府收地后，获得了6个亿的补偿款。从2013年开始，康达尔的资产规模和营收规模不断扩大，2014年后，公司的经营状况方才得到较为可观的改善。虽然公司经营状况连年不佳，主营业务净利率较为低下，但随着深圳土地价值的升高和房地产行业的迅速发展，给康达尔提供了不错的发展机遇。

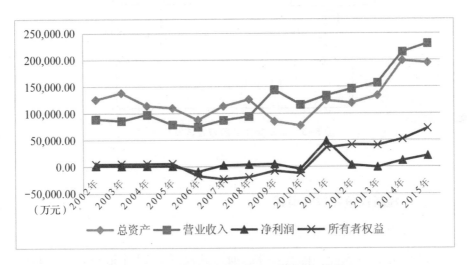

图5-2　康达尔2002年至2015年财务经营状况

数据来源：Wind数据库——万得数据库

2. 收购方京基集团概况

深圳市京基集团初创于 1994 年，扎根并成长于深圳市，开始进入住宅开发领域，公司的实质控制人为陈华。2006 年 4 月，京基收购铜锣湾华发北店，正式进军商业地产。2011 年，京基旗下的京基 100 城市综合体项目建成，以 441.8 米的高度成为当时深圳的最高楼。经过多年的领域开拓和创新发展，京基逐步实现了"房地产开发与经营+商业经营与管理+五星级酒店投资与管理+物业管理+高尔夫俱乐部+餐饮经营"六大领域多元化发展的战略布局。2014 年京基集团房地产业务收入达到 70 亿元，2015 年继续突破，以 104 亿元的地产业务总收入成为当年深圳市商品房成交量亚军，并正式进入"百亿俱乐部"队列。

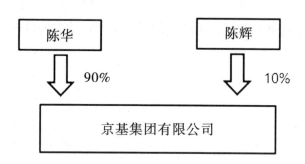

图 5-3 京基集团的股权及控制权结构

二、控制权争夺过程概述

1. 京基发起收购

2013 年 9 月 5 日，自然人林志通过其控制的 13 个股票账户，陆续购入康达尔股票，在短短数月之后持股比例就达到 15.81%。期间有三次达到 5% 的举牌红线，但林志均未进行相关的信息披露。据媒体披露，林志账户组的 13 个账户中，除林志本人账户外的 12 个人，均为京基集团员工。对此，深圳市证监局于 2014 年 11 月责令 13 个账户的实际控制人林志改正，给予林志警告并处以 60 万元罚款，将其列入违法违规失信者名单。但在证监局处罚之后，林志在京基集团的操控下，又增持了 3.99% 的股份。至 2015 年 8 月底，林志账户组持有的股票比例增至 19.8%。

2015 年 8 月，京基集团公然在二级市场增持康达尔 4.84% 的股票。2015 年 8 月 31 日，林志、王东河与京基集团签署了一致行动人协议，合计持有康达尔 24.74% 的股份。2016 年年初，林志、王东河通过大宗交易和股份转让的形式，将其所持的 19.8% 的股份全部转让给京基集团。购入两人手中的股票后，京基集团独自持股 24.74%，逼近康达尔第一大股东。

2015 年 12 月至 2016 年 2 月，京基在二级市场三次大规模购入康达尔股票。截至 2016 年 6 月，京基集团所持股份达到 31.65%，跻身康达尔第一大股东，超过华超集团 1.8%，而华超及其一致行动人的持股比例合计为 31.66%，仅高出京基 0.01%。

2. 康达尔反收购应对措施

2015 年 6 月 19 日，康达尔董事会否决了林志包括《关于提名董事候选人的议案》在内的两项临时提案。2015 年 11 月 26 日，康达尔董事会第六次临时会议做出决议，剥夺林志、京基及其一致行动人依法享有的表决权等股东权利，并要求其合计股票比例减持至 5% 以下，确认京基及其一致行动人不具备收购上市公司的主体资格。2015 年 12 月初，康达尔就林志等人违法增持股票事宜向深圳市罗湖区人民法院提起民事诉讼。

2016 年 6 月 7 日，康达尔对京基进行公开问询，要求京基集团对于陈华与吴川商会的关系以及林志账户组中其余 7 人是否为京基员工予以明确回复。2016年6月，康达尔多次拒绝京基提出的临时提案。

2017年2月28日，康达尔推进重大资产重组项目，拟以包括但不限于现金的方式收购位于澳大利亚面积达220公顷、大约包含8万棵果树的成熟果园。

3. 京基的回击

在成功进入康达尔大股东行列后，京基集团开始采取一系列行为以夺取康达尔的控制权，包括提名新的董事、多次提出议案、干扰董事会决议等，其背后意图昭然若揭。

2015年12月，京基集团以股东法定权利被剥夺为由诉讼至深圳市罗湖区人民法院，要求认定康达尔董事会决议无效。次年的6月8日，法院支持京基方的诉求，判决康达尔董事会2015年第六次临时会议的四项决议无效，但康达尔不认可该判决，并依法提起上诉至深圳市中级人民法院。2016年12月，深圳中院做出判决，驳回康达尔上诉，维持原判。2016年12月16日，康达尔向广东高院申请再审。2017年4月13日，广东高院驳回康达尔的再审申请。

2016年6月12日，京基集团要求康达尔2015年年度股东大会上增加三项临时提案，包括终止与中建一局签署的两项施工合同、修改《股东大会议事规则》、责成董事会修改《董事会工作细则》。6月17日，京基方要求增加18项临时提案，罢免全体董事和股东代表监事并重新选举，均被康达尔董事会所拒绝。2016年6月30日，京基以提案被拒为由将康达尔11位董事诉讼至深圳市罗湖区人民法院。

2017年3月31日，京基认为康达尔未将其持有股票全部计入有效表决权股份总数且始终拒绝更正，向康达尔和包括罗爱华在内的原董事会全体董事提起诉讼。2017年6月16日，京基向康达尔提及三项临时议案，要求董事会罢免总裁季圣智、修改股东大会议事规则以及根据法院判决书调整股东大会表决结果。

2018 年 2 月至 4 月，由于京基方接连反对康达尔聘请瑞华会计师事务所进行年报审计，造成康达尔不能及时披露 2017 年年度报告信息，被深交所实行退市风险警告。7 月 2 日，康达尔公司简称由"康达尔"变更为"＊ST 康达尔"。

4. 股权之争的谢幕

2018 年 8 月 3 日，京基集团向康达尔发起要约收购，拟以 24 元/股的价格要约收购康达尔 10% 的股份，总代价为 9.38 亿元。随后，康达尔予以反驳并表示，京基集团因涉嫌重大违法事项尚在法院诉讼和监管部门的调查中，暂不具备收购上市公司的主体资格。

这场股权争夺之战于 2018 年 8 月底迎来了转机，ST 康达尔董事长兼总裁罗爱华因涉嫌背信上市公司罪被刑事拘留，原董事李立夫及张明华也被刑拘。得益于此，京基的要约收购得以快速推进，股权比例跃至 41.42%，位居第一大股东。同时，公司控股股东由华超变更为京基集团，实际控制人由罗爱华变更为陈华。这场长达 5 年的股权之争，最终在康达尔前董事长等人被刑拘、管理层大换血的背景下落下帷幕。

三、反收购相关要点剖析

1. 京基集团恶意并购原因分析

（1）公司具有潜在价值

2002—2013 年康达尔经营业绩长年不佳，其市值在同行业并不高，截至 2019 年 4 月 30 日，其流通市值为 85.62 亿元。京基在几次的股票买入中，其收购报价也略高于其市值份额。但在康达尔年报和股价中，某些非常重要的潜在价值并没有体现出来，如康达尔握有的土地资源。

2011 年 11 月，康达尔获得了深圳市沙井和西乡两块商住用地的开发权。其中，西乡项目只是象征性地交纳 1000 多万的土地出让金。公司预计未来商业用地总建筑面积将超过 100 万平方米，总销售面积超 90 万平方米。根据同期市场均价和未来上涨趋势，地产开发所带来的销售收入和租金收益将超过 300 亿。

自 2012 年之后，康达尔房地产业务收入占比总体上呈现不断增长的趋势，到 2017 年，这一比例达到了 47.75 %，成为业务板块中最主要的收入来源。具体情况如表 5-1 所示。

表 5-1　康达尔公司房地产板块营收及利润情况

年份	房地产营业收入占比	房地产净利润（万元）	毛利率
2012	0.07%	45.98	47.21%
2013	0.35%	241.12	50.12%
2014	22.94%	31946.58	65.49%
2015	34.01%	52978.54	68.21%
2016	4.68%	4783.79	65.42%
2017	47.75%	67987.23	67.23%

数据来源：Wind 数据库——万得数据库

据年报披露，2017 年康达尔主要项目山海上园一期封顶售卖，三期开工奠基。其中，山海上园二期一栋销售且完成备案 292 套，合同总额 14.73 亿元，去化率 58.63%。并且，相比于传统的饲料加工业务，房地产板块的毛利率长期保持在 60% 以上。随着康达尔对商业地块的深度开发，公司的潜在价值开始逐渐体现出来。京基集团收购主因集中在康达尔颇有潜力的土地资源，但康达尔管理层显然不想将眼前利益拱手让给京基集团。

（2）京基方强势干预

京基集团在握有较多股权的情况下，开始谋求更大的话语权，插手康达尔的经营管理和重大决策。从 2016 年以来，京基方多次提及议案，内容涉及罢免原公司全体董事、提名新董事、修改股东大会规则等多方面。经过两年多的持续斗争，原康达尔董事成员基本出局，京基得偿所愿组建新的董事会。

表 5-2　京基集团向康达尔提交的议案情况

时间	内容
2016 年 6 月 12 日	要求在 2015 年度股东大会增加三项临时提案，包括停止与中建一局的施工合同、修改股东议事规则和董事长工作细则
2016 年 6 月 17 日	要求在 2015 年股东大会上增加 18 项临时提案
2016 年 6 月 29 日	提请公司董事会召开临时股东大会审议 18 项议案
2016 年 7 月 13 日	向 2015 年股东大会提交 21 项临时议案
2016 年 12 月 8 日	提请自行召开临时股东大会
2017 年 2 月 22 日	向 2017 年第一次临时股东大会提交 2 项议案
2018 年 5 月 28 日	提请公司监事会召集召开临时股东大会审议《关于聘任会计师事务所的议案》
2018 年 6 月 11 日	提请康达尔 2017 年年度股东大会增加一项临时提案，《关于聘请信永中和会计师事务所作为 2017 年度报告审计机构》

2. 康达尔反收购失败原因探索

（1）陷入"相对控股即控制"误区

根据以往恶意收购的案例，大多数公司遭受恶意收购，一个重要的原因便是分散的股权结构。一般来说，除非持股比例超过50%达到绝对控股，否则在10%~50%的股权区间内，上市公司都有可能因为非绝对控股而面临恶意收购的威胁。2002—2013年，华超的股权比例都稳定在26%左右。正由于长期稳居第一大股东地位，加上市场上缺少类似恶意收购案例的警醒，康达尔管理层陷入了"相对控股即控制"的误区，以至于对林志和京基的增持股票行为也有所松懈。尽管后期华超控股也将持股比例提升至31.66%，但为时已晚。

（2）未建立预防性反收购策略体系

资本市场并不是风平浪静的，企业在参与充分竞争时要时刻警惕潜在的风险。在兼并收购逐渐常态化的同时，上市公司如果不提前加以识别和防范，很有可能遭到恶意收购方的伏击，陷入被动的境地。康达尔在京基发起收购之前，并没有建立系统的预防性反收购策略体系，导致前期一直处于被动状态，反映出康达尔薄弱的反收购意识。面对京基的多次提案，康达尔董事会只能剥夺其股东权利，以京基无权为由拒绝提案，而这并没有得到法院的支持，最终康达尔在控制权争夺中一步步走向失败。倘若康达尔在公司章程中预先设定了董事候选人提名条款、分层董事会条款、金色降落伞条款等反收购条款，便能增加京基的收购难度，有效延缓京基收购康达尔公司的步伐。

（3）应对措施涉嫌违规

在发现京基的恶意收购企图后，康达尔多次以京基集团收购股票过程违规、信息披露不实为由推迟召开股东大会，并拒绝京基的多项临时提案。此外，在中国证监会及其派出机构尚未认定京基存在证券违法违规行为的情况下，康达尔董事会直接决议限制其享有的股东权利。上述举措显然是有违法律基本要求的，由此引起了深圳市证监局的关注，深圳市证监局多次下发关注函，责令康达尔对涉嫌违规行为进行说明并改正。在后续的诉讼案中，康达尔董事会的违规行为并未得到法院的支持，这使得康达尔前景更加黯淡。

3. 康达尔反收购策略分析

（1）监督举报

康达尔多次向监管部门举报，举报的侧重点在于林志违法增持股票以及京基集团的信息披露违规，但证监局都回复正在核查中。深交所也曾在2016年6月6日向京基下发关注函，京基集团坚称形成和解除一致行动关系符合商业惯例，相关账户的资金并不来源于京基集团。在缺乏相关确凿证据、京基方始终否认的情况下，监管机构除了早期下发的关注函和行政处罚之外，再也没有其他实质性的举措。其具体举报如表5-3所示。

表5-3　康达尔向监管机构检举情况

时间	举报/上诉机构	事宜
2014. 12. 9	深圳市证监局	请求调查处理深圳市康达尔集团股份有限公司股东林志
2015. 9. 18	中国证监会、深圳市证监局	举报林志等人在买卖上市公司股票过程中存在严重违法行为
2015. 11. 16	深圳市证监局	举报林志、京基集团在买卖上市公司股票过程中存在严重违法行为
2015. 12. 21	深圳市证监局	举报京基集团在买卖上市公司股票过程中存在内幕交易行为

续表

时间	举报/上诉机构	事宜
2016.1.8	深圳市证监局	举报林志等人与京基集团在协议转让上市公司股份过程中存在违法违规行为
2016.6.23	深圳市证监局	举报京基集团在买卖康达尔股票过程中存在重大虚假信息披露

（2）法律诉讼

从 2015 年下半年到 2018 年年末，康达尔和京基方多次对簿公堂，双方诉讼之争历时数年。但由于事件复杂、举证困难，加之没有相关类似先例，京基集团增持股份的行为很难被有效界定。反而是京基登记在册的股东所享有的权利，一直受到康达尔管理层的限制，虽然法院并未对诉讼争议做出实体判决，但保全裁定也使得京基方在争夺过程中不处于下风，最终随着康达尔原董事长罗爱华被刑事拘留，京基成功入主康达尔。上述诉讼争议侧面反映出我国现有的证券市场法律规制并不能涵盖资本市场的全部，还需要不断完善对于证券市场新现象的司法解释与判决。

（3）停牌拖延

在其他反收购策略均未奏效的情况下，面对京基集团的步步紧逼，康达尔管理层只好通过暂时停牌的方式来延缓京基的收购步伐。康达尔公司的统计数据表明，从 2016 年 6 月至 2018 年 4 月，康达尔停牌次数多达 4 次。但必须注意的是，我国证券市场停牌原则上不得超过 3 个月，其中深市停牌不能超过 6 个月。股票停牌作为一种缓兵之计，能够为目标公司谋求更为有效的措施争取时间，但终究不是反收购的根本出路。由于京基此前已持有较大比例的股份，且康达尔的海外资产重组项目相继遭遇搁浅，康达尔的反收购以失败告终。

四、案例启示

1. 对目标公司的启示

（1）提升公司治理水平

在京基开展收购行为之前，康达尔公司众多股东之中只有华超持有份额超过5%，具有一股独大的态势，公司管理层主要由华超派出，宛如华超利益的代言人。在这样的治理结构下，康达尔内部治理问题频发。2012年，证监会下发通知，责令康达尔对有关违规行为进行整改，纠正其混乱的内部治理问题。康达尔比较薄弱的内部治理环境，也是京基集团进行收购的考虑因素之一。

面对如今复杂多变的市场环境，公司要想从容应对外来收购的挑战，根本方法是建立良性有效的内部治理机制，提升公司的治理水平。只有构建完善合理的治理机制，才能固本培元，为企业的业务发展保驾护航。因此，可以从以下几个角度出发提升公司内部治理水平。第一，优化股权架构，过于分散和一家独大的股权结构，都不利于公司的长期发展，应采取员工持股、主要股东联合持股等方式建立大股东相制衡、小股东相联合的股权结构。第二，提高中小股东的代表比例，促进决策的科学化、民主化。第三，引入外部监督，提高独立董事比例，将内部审计与外部审计有效结合，纠正内部审计中存在的沉疴积弊。

（2）建立反收购预警跟踪机制

相关研究的关注点主要聚焦于恶意收购发生后，反收购策略的可行性和效果分析，而往往忽略对于恶意收购行为的跟踪预警，这就需要目标公司构建一个完整有效的反收购跟踪预警机制，以此来发现恶意收购行为的苗头，并尽早加以防范。首先，目标公司应该从所处行业出发，寻找典型性收购案例，分析被收购企业股权结构、经营业绩、管理模式、股价等方面的特征，并与自身的各项指标加以对比，衡量被收购的风险水平。其次，加强对股票的实时监测。通过追踪股票价格的变化趋势，调查大宗股票交易双方的资质和背景，对于大额买入账户进行登记和有效监测。在康达尔案例中，林志操纵其控制的多个自然人账户买入康达尔股票，累计持有份额15.08%，为京基进行收购提供了先机，而康达尔对此毫无察觉，这从侧面反映出建立反收购预警跟踪机制的必要性。

（3）构建全面的反收购防御体系

在市场经济发展的大浪潮之下，各类要素自由流通，兼并收购等市场行为屡见不鲜，身处于这样的大环境，公司的管理层和股东都应树立反收购意识，建立事前防御机制，以应对潜在的被收购风险。在本案例中，康达尔由于缺乏事前防御机制，面对来势汹汹的京基集团，初期便处于守势地位，只能被动地进行反抗。为此，公司应提前做足准备，综合运用各项事前预防性措施，如在公司章程中设定"驱鲨剂"条款，包括董事候选人提名条款、分层董事会条款、金色降落伞条款，以阻止对方的恶意收购行为。

当恶意收购方坚决推进收购时，目标公司可以利用已有的反应机制，多角度对收购行为予以回击，包括执行焦土政策、发起法律诉讼、寻找友好同盟充当"白衣骑士"等举措，多管齐下，使对方的收购计划被打乱。特别强调的是，无论是事前设置反收购条款，还是事后选择实施反收购策略都必须基于已有的法律规章制度，不可超然于法律和制度之外。

2. 对宏观市场环境的启示

（1）健全和完善市场法律法规

一个健全而完善的法制环境，对于证券市场的稳定、健康运行至关重要，清晰而明确的法律规定，能够为股权争夺双方提供有力的法律依据。上文关于康达尔案例的分析中，现实资本市场出现了很多违规行为，比如林志利用多个自然人账户买入股票，绕开了证监会关于累计持股5%必须披露相关信息的规定。虽然证监会对林志下达了行政处罚，但这并不影响京基集团后续收购行为的开展。再比如吴川商会疑似京基集团的一致行动人，但京基方始终没有正式披露两者关系。基于上述问题，完善相关信息披露制度，明确界定收购方式的合规性要求，显得迫切而必要。

（2）推进监督制度改革，提升监管效率

一般而言，恶意收购具有较大的投机成分，收购方往往囿于眼前的短期利益，而容易忽视标的公司的成长空间和长远利益。此外，恶意收购容易造成公司股票价格的频繁波动，增大市场风险。对此，监管部门应肩负起作为证券市场维护者的责任，严密监控恶意收购的整个过程，督促收购方及其一致行动人及时履行信息披露的义务。此外，政府应推进监督制度的改革，提升监管效率，尤其是设立像投服中心这样的公益性股东，进行"持股行权"的新尝试，通过发送股东意见函、参加股东大会等形式，及时发现上市公司存在的问题并进行有效整改。

收购与反收购行为的发生都应该在合法、透明、规范的基础上展开，收购与反收购是一种相互平衡的机制，其中一方被强力压制，另一方很可能向极端方向发展。公司章程自治日益成为一个焦点问题，其合规性和正当性审查也日益成为资本市场、证券监管和公司法律研究的重点问题之一。

第二节　伊利股份反阳光保险恶意并购

一、并购双方基本情况分析

1. 目标公司伊利股份公司概况

内蒙古伊利实业集团股份有限公司成立于 1993 年，于 1996 年上市，是我国乳制品行业第一家主板上市公司。公司主要产品为各类乳制品及健康饮品，产品品牌有 1000 余种，较为著名的为金典有机奶、安慕希酸奶。近几年来，公司积极拓展国际市场，建立欧洲研发中心，把握市场机遇，实现业务持续增长。

表 5-4　伊利股份 2015—2018 年财务状况

年份	营业收入（亿元）	净利润（亿元）	加权净资产收益率（%）	销售净利率（%）	资产负债率（%）	流动比率（%）	总资产周转率（次）
2015	604	46.3	23.87	7.78	49.17	1.09	1.53
2016	606	56.6	26.58	9.40	40.82	1.35	1.54
2017	681	60.0	25.22	8.89	48.80	1.25	1.54
2018	796	64.4	24.33	8.17	41.11	1.28	1.64

数据来源：Wind 数据库——万得数据库

由表 5-4 可知，伊利股份营业收入实现连续增长，于 2018 年达到 796 亿元，净利润也呈现稳中增长的趋势，这说明伊利股份的成长能力强、发展前景好。伊利产品销量逐年提升，公司在国内市场占有重要地位，促进了营业收入和净利润的连年增长。公司在盈利能力方面表现良好，净利率维持在 9% 左右。公司整体财务风险较低，资产负债率在 2015—2018 年都在 50% 以下。公司总资产周转速度较快，说明公司的运营能力强。

2015 年，即阳光保险举牌的前一年，伊利股份的前十大股东如表 5-5 所示，只有一位股东持股超过举牌线 5%，整体股权结构较为分散。第一大股东仅有 8.79% 的股份，董事长潘刚以 3.89% 的持股份额排在第三位。这种分散的股权结构容易被并购者"搭便车"，也为并购者在二级市场收购股权以争夺公司控制权提供了机会，给公司带来被恶意并购的风险。

表 5-5　伊利股份 2015 年前十大股东持股情况

排名	股东名称	期末持股数（股）	占总股本比（%）
1	呼和浩特投资有限责任公司	533,330,826	8.79
2	香港中央结算有限公司	255,951,003	4.22
3	潘刚	236,086,628	3.89
4	中国证券金融股份有限公司	185,796,070	3.06
5	阳光人寿保险股份有限公司—分红保险产品	109,108,907	1.80
6	全国社保基金一零四组合	104,999,998	1.73
7	赵成霞	84,090,140	1.39
8	刘春海	83,308,288	1.37
9	胡利平	79,340,536	1.31
10	全国社保基金五〇三组合	78,800,000	1.30

数据来源：Wind 数据库——万得数据库

2. 收购方阳光保险公司概况

阳光保险集团有限公司主要经营财产、健康等方面的业务，成立于

2005年7月。近年来集团板块不断壮大，公司资产规模随之增加，在保险行业逐渐占据优势地位。本案例参与举牌的是隶属于集团旗下的阳光财险和阳光人寿，两公司的第一大股东都为阳光保险集团股份有限公司，二者构成一致行动人关系，股权关系及持股比例见图5-4所示。

在2015年，阳光保险就已经在资本市场上成功连续举牌上市公司，甚至取得了一些公司控制权，其举牌对象多为食品饮料企业，如承德露露、涪陵榨菜等。该公司自2015年年底开始增持伊利股份的股票，截至2016年9月共计持有5%的股份，成为第三大股东，这对伊利股份比较分散的控制权造成一定威胁。

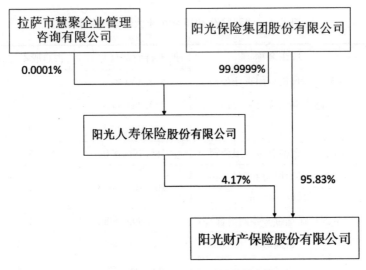

图5-4 阳光人寿与阳光财险的股权关系

二、控制权争夺过程概述

伊利股份反恶意并购的过程大致可以分为以下四个阶段。

第一阶段为2015年6月至12月，阳光保险大幅增持股份，成为前五大股东之一，短短几个月内直逼举牌线；

第二阶段伊利股份进行首次反击，公司于 2016 年 7 月至 8 月召开股东大会，在公司章程中加入反恶意并购的内容；

第三阶段为 2016 年 8 月至 9 月 18 日，阳光保险继续增持股份，累计持股比例达到 5%，举牌伊利公司；

第四阶段是 2016 年 9 月之后，伊利股份实施一系列措施进行反击，包括紧急停牌、定向增发"白衣骑士"等。

控制权争夺过程具体如图 5-5 所示。

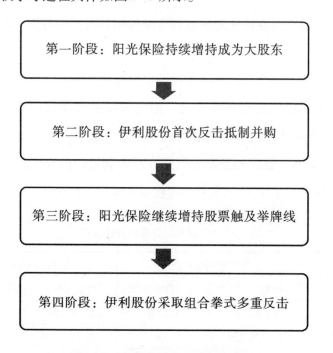

图 5-5　伊利股份反恶意并购过程

第一阶段：阳光保险持续增持成为大股东

根据 2015 年伊利股份财务报表可知，从 2015 年 10 月起，阳光保险通过分红保险产品购入伊利股份 1.09 亿股票，占总股本 1.80%，已经超过三大高管的持股比例。2016 年 3 月到 6 月，阳光保险保持持股数量不变，2016 年 7 月，阳光保险利用两个子公司阳光人寿、阳光产险大幅增持伊利股份的股票，持股约 3.03 亿，其中阳光人寿累计持股 2.53 亿，成为第五大股东。

第二阶段：伊利股份修改公司章程

阳光保险持续增持股票的行为引起伊利股份董事会及管理层的警觉，为预防恶意并购而开始采取一系列反收购行为。2016 年 8 月，伊利股份召开股东大会，拟定关于修改公司章程的议案。伊利股份增设反恶意并购条款，是在阻止恶意并购方继续增持股票的行为，维护公司控制权。

第三阶段：阳光保险继续增持股票触及举牌线

在伊利股份修改公司章程后，阳光保险继续增持股票。2016 年 9 月 14 日，阳光产险购入伊利股份股票 566 万股，占总股本 0.09%，合计持股达到 5%，已经触发举牌红线，对伊利股份的控制权造成很大威胁。9 月 18 日，伊利股份发布该项权益变动提示性公告。

表 5-6　伊利公司股份变化状况

股东名称	增持前持股状况		增持后持股状况	
	股数（股）	占总股本比例	股数（股）	占总股本比例
阳光人寿	253,092,815	4.17%	253,092,815	4.17%
阳光产险	44,479,350	0.73%	50,147,250	0.83%
合计	297,572,165	4.90%	303,240,065	5.00%

第四阶段：伊利股份停牌进行多重反击

在第四阶段，伊利公司运用多个反并购策略进行回击。面对恶意并购的威胁，伊利在紧急停牌后综合运用定向增发、股权激励计划等反并购策略，维护自身控制权。2016 年 9 月 19 日，伊利股份决定开市起停牌，并提出在不超过连续 10 个交易日内停牌。9 月 30 日，伊利股份官方发布继续停牌的公告，并说明此次参与股票发行的一家企业是内蒙古交通投资有限公司。之后伊利股份发布延期停牌公告，并于 10 月 22 日宣布 24 日起开始复牌。伊利股份迅速采取紧急停牌及一系列组合对策进行防范，在一个月的时间里顺利推行了白衣骑士策略，成功将并购方的持股比例稀释，使公司免于被恶意并购。

三、反收购相关要点剖析

1. 阳光保险恶意并购原因分析

（1）目标公司财务状况良好

伊利股份在反并购前财务状况良好，拥有雄厚稳健的现金流，且其品牌价值高，一直处于国内乳制品行业的领导者地位。立足于伊利股份自身以及行业均值指标，通过营业收入、净利润、净资产收益率三个指标来分析伊利股份在反恶意并购前的经营状况。

立足营业收入角度进行分析，伊利股份在 2011 年到 2015 年这五年间，营业收入和净利润持续上涨，营业收入由 375 亿元增至 604 亿元，2015 年同比增长达到 10.88%，与行业均值相比高出 471 亿元的营业收入。进一步分析可知，液态乳产品收入占比 80% 以上，液态乳产品对总营业收入贡献最大。液态乳、奶制品销售数量的持续增长，使得伊利股份五年来营业收入远超行业其他竞争者。（图 5-6）

表5-7 反并购事件发生前五年伊利股份财务指标

报告年份	营业收入（亿元）	营业收入增长率（%）	净利润（亿元）	净利润增长率（%）
2011	375	26.25	18.1	132.79
2012	420	12.12	17.2	-5.09
2013	478	13.78	31.9	85.61
2014	544	13.93	41.4	30.03
2015	604	10.88	46.3	11.76

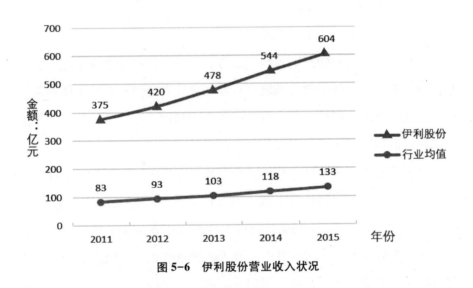

图5-6 伊利股份营业收入状况

立足净利润角度进行分析，净利润呈现波动上升趋势，2011年后出现小幅度下降，除此之外均逐年上涨。如图5-7所示，公司净利润变动趋势与乳品行业趋势大致相同。伊利股份净利润保持高速上升，一方面离不开其营销手段，品牌效应好，市场占有率不断增大；另一方面，在面对激烈的行业内竞争时，伊利股份专注奶制品研发，为自身提高产品竞争力，将品牌信念贯彻到底。

立足净资产收益率角度进行分析，在 2011 年至 2015 年间，净资产收益率呈现波动下降的趋势，由 35.33% 下降到 23.87%，2013 年开始保持稳定。行业均值与伊利股份走势大致相同，但数额远低于伊利股份。这期间，净资产收益率受到上游供应商提高价格、乳品监管日趋严格等不利因素的影响，乳品行业净资产收益率波动大。伊利股份在 2013 年后采取提高资产周转速度、加强营销手段等有力措施，使自身净资产收益率止跌回升。

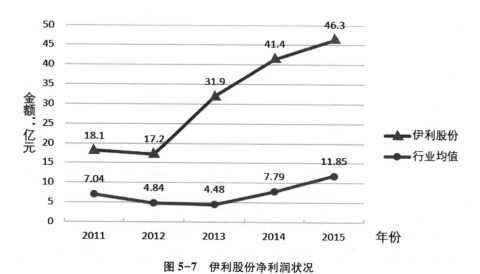

图 5-7　伊利股份净利润状况

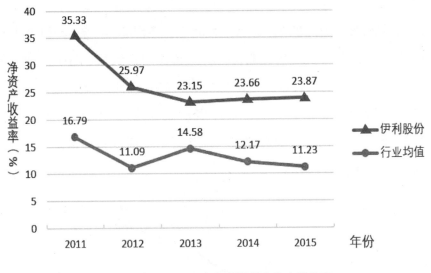

图 5-8　2011—2015 年伊利股份净资产收益率

（2）目标公司经营状况良好

伊利是具有庞大产业链的乳制品企业，如今在国内市场已经处于领导地位，远超同行业竞争者，许多人们熟知的产品都属于伊利旗下，例如安慕希、畅轻、巧乐兹等。从伊利股份所披露的年度报表可以看出，虽然公司依旧以主营液态乳产品收入为主，但一些跨品类产品如矿泉水、咖啡已经投入市场，有很好的发展潜力。

伊利股份实行乳制品的优化、升级，扩大业务规模，巩固龙头地位，扩大在国际中的影响力，同荷兰等多个欧洲国家合作，施行全球化战略，将产品打入国际化市场，成为一带一路的战略合作伙伴，在国际化扩展中向国际领先企业看齐。

在品牌影响方面，伊利股份积极与综艺节目合作，借助娱乐热度及名人效应，扩大自身知名度。2015 年，此战略得到消费者很好的回馈，尤其是安慕希酸奶，整年位居酸奶销售排行榜第一。另外，伊利股份利用互联网，整合线上线下平台，借助软件与消费者加强互动，生产出更吸引消费者的产品，随着中小企业的退出伊利股份进一步扩大市场份额。2011—2015 年间，人口数量大幅上升，人们对乳品的需求也进一步扩大，人均乳品消费水平也随之逐年增加，伊利股份在未来几年存在较大的发展空间。

（3）目标公司股权分散

前十大股东情况如图 5-9 所示，排在第一位的呼和浩特投资有限责任公司持有股份 8.79%，香港中央结算有限公司持股 4.22%，位居第二。排在第三的是董事长潘刚，仅持有 3.89% 的股份，整个管理层高管合计持股并未达到 10%。

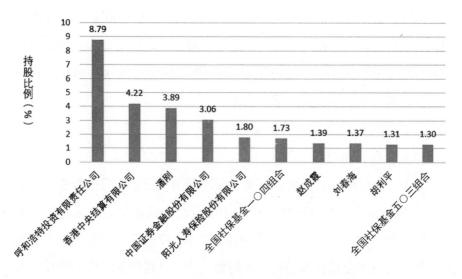

图 5-9　伊利股份前十大股东情况

伊利股份显然符合股权分散标准。阳光保险在恶意增持股票后，仅靠 1.8% 的股权便位居第五大股东，在股权结构极度分散的情况下，阳光保险等野蛮人若稍微增持股份便可对公司控制权造成威胁，因此伊利股份不得不提高警惕，在公司章程中设置反收购条款，及时采取行动捍卫控制权。

综上所述，目标公司的如下优点吸引了并购方的注意。首先，公司经营状况良好，且市场占有率高，有很高的品牌价值，这对并购方具有极强的吸引力。其次，公司市值被低估，市盈率偏低，并购方可以通过较低价格增持公司股份。最后，目标公司分散的股权结构让并购方更容易取得公司控制权。

（4）阳光保险的并购布局

阳光保险作为并购方，早就对食品饮料类型的企业具有并购野心，具有五家相关公司超出举牌线的持股比例。根据 2016 年年报，阳光保险应付债券总额较上年同比增加 347%，持有高额债券融资达 223.22 亿元。同时，其子公司阳光产险、阳光人寿实现净利润 30 亿元，这些为阳光保险的收购行为提供了有力的资金保障。阳光保险作为财务战略投资者，展现出举牌野心，公司抓紧 2015 年举牌盛行的这一时机，通过多次举牌获得资金来支持未来的资本扩张。

2. 伊利股份反恶意并购对策实施

（1）修改公司章程

对于阳光保险增持股票的行为，董事会围绕反收购目标修改公司章程。于 2016 年 8 月 9 日在公司章程中增设反并购条款，要求将股东信息披露份额从 5% 降低到 3%，要求超过 3% 的股东必须向公司通报权益变动数，且两个交易日内不得买卖股票。这一举措增加了收购难度，提前警示了目标公司，也为伊利股份采取反并购对策争取了时间。

另外，新章程规定了提名董事会、修改公司章程的权利，使得并购方获得控制权的难度又加大。然而，这一驱鲨剂条款却未能顺利实施，伊利股份收到上交所的问询，反收购条款缺少相应的合法性，且涉嫌侵害公司及股东权益，因此不得不进行相应调整。

（2）制订员工持股计划

伊利股份在 2014 年便制订员工持股计划，计划提取净利润增量中的 30% 作为持股计划奖励金，奖励金提取十年，对象为高管及业务骨干共计 300 余人。

这一措施增加了员工的持股信心，减少员工对股票的转让。持股计划使员工拥有表决权，员工为了自身利益与公司发展，与大股东意见保持一致，进而使得管理层的控制权得到加强，提高恶意并购的难度。

（3）紧急停牌，采取拖延战术

2016 年 9 月 18 日，阳光保险在持续增持至举牌线后披露相关信息，表明增持的目的仅为财务投资。但伊利股份一直保持高度警惕，第一时间采取了行动，9 月 19 日立即宣布停牌，在阳光保险重申立场后依然没有轻易相信，2016 年 9 月 23 日发布继续停牌公告。9 月 30 日、10 月 14 日，伊利股份发布继续停牌及延期复牌的公告，直到 10 月 24 日才复牌。

紧急停牌的举措是伊利股份的拖延战术，通过临时停牌、继续停牌、延期复牌的举措，在累计一个月的时间里，公司管理层找到合适的合作对象，及时有效地阻止了阳光保险对公司控制权的掠夺，为反恶意并购争取了宝贵时间。

（4）定向增发引入白衣骑士

公司于 2016 年 10 月 22 日公布定向增发方案，以稀释股权来削弱阳光保险的威胁。具体而言，如表 5-8 所示，伊利股份公布了五大认购对象，定向发行 5.87 亿股 A 股股票，募集资金近 90 亿元。在此基础上，规定非公开发行对象所认购股票自发行结束之日起 60 个月内不得转让，这意味着白衣骑士在五年内被锁定股份，不得随意转让，这在短期内保证了伊利股份相对稳定的股权结构。

表5-8　伊利股份定向增发对象

序号	发行对象	认购股数（股）	认购金额（元）	认购方式
1	呼市城投	195, 694, 761	2, 999, 999, 996. 28	现金
2	内蒙交投	130, 463, 144	1, 999, 999, 997. 52	现金
3	金石灏汭	130, 463, 144	1, 999, 999, 997. 52	现金
4	平安资产	65, 231, 572	999, 999, 998. 76	现金
5	金梅花投资	65, 231, 572	999, 999, 998. 76	现金
合计		587, 084, 193	8, 999, 999, 988. 84	–

这次发行引入的五家"白衣骑士"，增强了伊利对公司控制权的掌控力，使得公司拥有更多比例的表决权，也成功稀释了收购方股权。阳光保险持有的5%股权被稀释到举牌线以下，稀释后占比4.56%。稀释后具体股权结构如表5-9所示。

表5-9　伊利股份非公开发行后股权结构

序号	股东名称	持股数量（股）	持股比例
1	呼和浩特投资有限责任公司	533, 330, 826	8.02%
2	香港中央结算有限公司	416, 186, 893	6.26%
3	阳光财产保险股份有限公司/阳光人寿保险股份有限公司	303, 240, 065	4.56%
4	呼市城投	195, 694, 716	2.94%
5	内蒙交投	130, 463, 144	1.96%
6	金石灏汭	130, 463, 144	1.96%
7	平安资产	65, 231, 572	0.98%
8	金梅花投资	65, 231, 572	0.98%

数据来源：伊利股份公司年报

（5）股票期权与限制性股票激励计划

2016 年 10 月 22 日，除了公布定向增发预案外，公司还拟定股权激励计划草案，对激励对象给予股票期权和限制性股票激励，分别占总股本的 0.74% 和 0.25%，价格为每股 16.47 元和每股 15.33 元。

股权激励计划是反收购过程中一个重要策略。长期来看，公司拥有激励机制能改善治理结构，吸引人才留任，提升公司的竞争力；短期来看，股权激励计划也能稀释恶意并购方股权，对维护公司控制权有补充作用。

3. 伊利股份反恶意收购经济后果分析

（1）短期市场反应

2015 年至 2016 年上半年，阳光保险持续购入伊利股份的股票，但尚未触及举牌线，股票价格出现先上升后下降的波动。2015 年年初，股票价格大幅度上涨，于 5 月到达峰值 42 元左右，6 月股价骤降，而后直至 2016 年 6 月间股价基本维持稳定在 16 元左右，始终未超过乳制品行业的平均股价。2015 年 6 月股价大幅下跌，已经低于行业均值，这与伊利股份的业绩不相匹配。股价下跌主要受到两方面因素影响：一是当时伊利公司分厂发生火灾，引起恐慌导致股票被抛售；二是阳光保险持续增持股票，对伊利控制权造成威胁，造成股价走低。

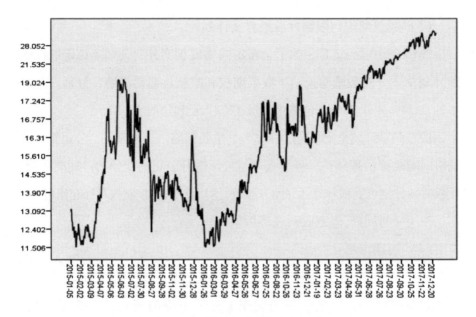

图 5-10 伊利股份短期市场反应

资料来源：Wind 数据库——万得数据库

　　2016 年 7 月 1 日至 8 月 26 日，伊利股份修改上市公司章程，加入反收购条款，股价并没有显著变化，整体波动不大，始终在 15 元至 19 元之间变化，与同行业竞争者相比差距依然很大。

　　2016 年 10 月 24 日至 2017 年期间，伊利股份筹划定向增发引入白衣骑士的方案，颁布股权激励计划，成功将阳光保险的股权稀释。在这一期间，股价呈持续上升趋势，从 2016 年 10 月 24 日复牌日股价的 17.29 元，上升到 2017 年 12 月 31 日的 32.19 元，反映出了反收购策略成功实施后的效果。总的来看，伊利股份反并购策略的成功，使公司股价有明显增长，验证了市场对公司的认可。

（2）长期绩效分析

利用杜邦分析法，研究伊利股份反恶意并购前后主要财务指标的变动情况，分析公司财务状况，具体情况如表5-10所示。

表5-10 伊利股份反并购前后主要财务指标

指标类型	财务指标	2016/6/30	2016/12/31	变动
盈利能力	销售净利率（%）	10.77	9.4	-1.37
营运能力	资产周转率（%）	0.81	1.94	1.13
偿债能力	权益乘数（%）	1.84	1.83	-0.01
盈利能力	净资产收益率（%）	15.9	26.62	10.72

如表5-10所示，伊利股份净资产收益率在反收购成功后有所上升，这说明伊利股份的盈利能力有所提升。销售净利率由10.77%小幅下降到9.4%，企业对成本费用的控制能力有所下降，这主要受到销售收入与净利润这两个要素影响，与反收购策略实施的关系不大。

资产周转率由0.81%增加到1.94%，增加1.13%，公司对资产的使用效率增强，营运能力提高。根据伊利股份资产负债表可知，年底销售收入较年中有大幅增加，这符合产品季节性的特点。公司将定向增发募集资金用来购买高温灭菌、乳品加工等设备，也明显增加货币资金持有量以应对阳光保险的恶意并购。

权益乘数基本维持不变，下降了0.01%，伊利股份偿债能力加强。根据报表，公司资产总额、所有者权益均增加，但年末资产总额占股东权益比重同比减小。进一步分析，股权激励计划的实施让公司资本公积增加，另外公司下半年留存收益也有所增加，以抵御并购风险，为实施反并购对策提供资金保障。

四、案例启示

1. 对目标公司的启示

（1）股权结构分散为恶意并购埋下隐患

各股东持有的股份低于10%，这造成公司的股权结构比较分散，导致公司面对恶意并购时防御力差，控制权容易被掠夺。根据本书对伊利股份反并购动因的分析可知，伊利股份经营状况良好、发展潜力大，同时股权结构分散、市值被低估，这些加大了被并购的风险。对于恶意并购方阳光保险来说，只需花费较低成本增持股票便可对公司决策造成影响，甚至获取目标公司控制权。因此，股权分散、经营状况良好的企业易成为并购目标，上市公司应当提高警惕。

（2）伊利股份反收购对策行之有效

伊利股份通过实施一系列反收购策略，成功抵制了恶意收购行为。修改公司章程这一事前策略，具有很大震慑作用，为后续反收购策略的实施争取了宝贵的时间。定向增发举措为事中反收购对策，引入五个白衣骑士，对股权稀释有直接效果，优化了伊利股份的股权结构。另外，通过员工持股计划、股票期权激励计划等策略，提高了员工的积极性，并购方股权被进一步稀释。

伊利股份反收购的经济后果良好，在过程中采取的定向增发、股权激励计划等策略使股价加速回升，超过行业均值。另外，通过杜邦分析可以看出，反恶意收购策略对公司的盈利能力、营运能力、偿债能力提升都有一定的促进作用，实施反收购策略后，伊利股份的净资产收益率有很大增长。

2. 对宏观市场环境的启示

（1）企业优化股权结构

为避免被恶意并购，公司应当根据实际情况，合理优化自身股权结构，提高股权的集中度。员工持股计划、交叉持股等是公司经常采用的方式。

员工持股计划让公司信任的员工持有一定数量的股份，当公司被恶意收购时，员工会为了自己的工作前途而进行阻碍，行使自己的管理决策权。

交叉持股使得其中一个公司面临被收购威胁时，另一方继续持有一定数量的股权，能很好地减少二级市场流通，增加并购方的收购难度。两个公司之间能借助彼此力量来提升股份份额，但也会占用双方大量的资金，减少资金的流动性，互相牵连。因此，公司需要依据自身发展情况，谨慎使用交叉持股策略。

（2）政府加大监管力度

面对恶意并购，政府应当保持中立的态度，确保双方行为的合法性。具体而言，对于并购方的资金用途、信息披露义务、杠杆率等方面的信息，政府应进行规范；对于引起市场震荡的并购行为，政府应当加强监管，及时对被并购方进行风险提示；另外，针对新闻、网络平台的不良舆论导向，政府应当建立监督机制，确保网上信息的真实、中立，杜绝有诱导、有偏向的新闻。

第三节　分析与启示

综上所述，通过引入两个案例公司来分析反收购策略在实际经济活动中的应用。通过"并购双方基本情况分析—控制权争夺过程概述—反收购相关要点剖析—案例启示"这一研究思路对案例进行剖析。

康达尔反京基恶意并购案例是失败的，由于京基此前已持有较大比例的股份，且康达尔的海外资产重组项目相继遭遇搁浅，康达尔的反收购以失败告终。与之相反，伊利股份反阳光保险恶意并购案例是成功的，伊利股份通过实施一系列反收购策略，成功抵制了恶意收购行为。进一步分析发现伊利股份反收购的经济后果良好，公司的盈利能力、营运能力、偿债能力都有所提升，伊利股份的净资产收益率也有很大增长。

所以说，反收购策略的制定与实施，对于不同的公司起到不同的效果。对于上市公司而言，一方面需要立足于自己的主营业务，做大做强自己，保持稳健的财务政策和充沛的现金流，另一方面需要时刻关注资本市场的变化，采取"事前+事后"双保险策略，"事前"在公司章程中设置合理合法的反收购条款，"事后"采取积极的反收购策略，比如引入白衣骑士等策略，最终实现上市公司的价值增长。

第六章　反收购条款过度防御与企业创新

第一节　理论分析与研究假设

中国经济经历了以新冠肺炎、贸易摩擦为代表的外部因素冲击，也经历了去杠杆、去产能等内部因素的改革和调整，现阶段如何实现高质量发展，成为创新型国家和众多学者关注的焦点。Manso（2011）认为对短期失败的容忍是有效激励企业创新活动的基本条件，但外部投资者却常常对管理层施加短期经济压力，迫使其重视短期利益，从而阻碍长期创新，影响企业长期发展。因此，研究是否通过公司治理机制来解决市场短期压力与创新所代表的企业长期利益之间的矛盾，显得尤为重要。反收购条款作为一种公司治理机制来解决市场短期压力与创新所代表的企业长期利益之间的矛盾显得十分重要。

但由于现行以《上市公司章程指引》《上市公司收购管理办法》为代表的相关法律法规对公司章程自治的范围规定尚不够明确，同种类型的反收购条款，其具体设置的指标会有很大的差异性。统计上市公司章程中设置的反收购条款，研究发现董事候选人提名权的持股比例最低为1%，最高则达到30%；董事候选人提名连续持股最短时间为3个月，最长时间是5年，甚至一些反收购条款直接限制董事候选人资格。金色降落伞条款最低补偿金为被解聘董事年薪总和的3倍，最高为1000倍。部分上市公司设置的反收购条款甚至严重损害中小股东利益。由于反收购条款内容指标的差异性，因此直接使用上市公司章程中设置的反收购条款作为研究对象，并不能真实反映反收购条款的外部治理作用。探明我国现阶段公司章程中的反收购条款过度防御问题，从法律维度和经济维度深入探讨其对企业创新的影响机理，是本章要解决的根本性问题。

已有学者对反收购条款的经济后果进行了比较系统的研究，主要包括对并购结果（Bebchuk 等，2009；Agrawal and Knoeber，1998；Sokolyk，2011；Goktan and Kieschnick，2012；许金花等，2020）、财务绩效（Chintrakarn 等，2013）、市场反应（Core 等，2006；罗进辉等，2018）、公司内部治理（许金花等，2018；李善民等，2016；Cohen and Wang，2013）、企业创新及企业价值（Atannassov，2013；Karpoff and Wittry，2018；Chemmanur and Tian，2018；张伟华等，2019）等方面的研究。但相关研究大多立足于单一条款或综合指标的反收购条款，而忽视了我国特殊制度环境下的反收购条款过度防御现状。因此，如何识别公司章程中的反收购条款过度防御问题？反收购条款过度防御是否会影响企业创新？其影响机理是如何体现的？上述问题是本章要解决的根本性问题。

基于上述问题，本章以 2007—2018 年沪深两市 A 股上市公司为研究对象，手工收集投服中心股东建议函和上市公司章程修订公告，确定了反收购条款过度防御的识别标准，在此基础上验证反收购条款过度防御对企业创新的影响机理。实证结果表明，反收购条款过度防御会显著抑制企业创新，这说明反收购条款过度防御并不是一个积极信号，过度防御导致内部人控制行为产生，验证了管理层堑壕假设。进一步研究发现，反收购条款过度防御对创新的抑制作用在高科技企业、竞争激烈程度高的企业中更显著，在管理层能力高水平企业中不显著。

本章的研究贡献如下所示：第一，构建反收购条款过度防御的识别方法，实现中国情景化的研究，为新兴市场的反收购条款经济后果的研究提供新的经验证据。现有反收购文献主要基于成熟的资本市场环境，我国作为新兴市场的代表，由于法律法规制定和执行力度的特殊环境，所以资本市场上存在的"过度防御"这一特殊的经济现象，其形成动因和经济后果与其他资本市场存在一定差异性。所以本章结合我国特殊的制度背景分析反收购条款过度防御的经济后果，补充了中国现实背景下反收购条款的相关研究。第二，本章深入分析反收购条款过度防御对企业创新的影响机理。已有研究主要基于"相关关系研究"，而非研究者更关注的"因果关系"，而本书则立足于过度防御视角，深入探索反收购条款过度防御对企业创新的影响机理。第三，本章结合法律视角和经济视角，在法律视角深入探讨反收购条款法律效力的基础上，从经济视角探讨了其对企业创新的影响机理。以往的研究仅仅立足于上市公司章程中是否设立反收购条款，而对反收购条款的内容没有过多涉猎，更没有从法律视角入手深入探讨反收购条款设置的合理合法性。本章研究结论为上市公司制定合理公司章程、监管机构制定有效政策提供了积极参考。

随着并购浪潮的不断兴起，收购与反收购事件日益频繁，资本市场上越来越多的上市公司设置反收购条款，引来学者对其设立动因的深入研究。反收购条款的设立动因主要集中在管理层堑壕假说（Bates 等，2008；Hwang and Lee，2012；Cohen and Wang，2013；Stráska and

Waller，2014；陈玉罡和石芳，2014)、控股股东堑壕假说 (Johnson 等，2000；Adams and Ferreira，2008；陈玉罡等，2016)、管家理论假说 (Johnson 等，2015；Heron and Lie，2006；李善民等，2016) 和管理层薪酬补充假说 (Aghion and Tirole，1994；Chintrakarn 等，2013) 几个方面。其中，管理层堑壕假说和管家理论假说更为广大学者所熟知。

对反收购条款持悲观态度的学者主要基于管理层堑壕假说，研究发现设立反收购条款是公司管理层自利动机的表现，其主要目标体现为保护管理层，而忽视了对企业创新的长期投资。Stein 等 (1988) 立足于公司管理层决策视角，研究发现公司管理层为了避免企业估值被低估，导致其更容易遭受恶意收购，通常倾向于花费更多精力为公司带来更快、更确定收益的短期项目，导致对长期创新的投资不足。Sapra (2015) 认为反收购条款阻碍了外部资本市场的有效监督，巩固了管理层权力，从而使管理层安于现状，减少企业长期创新活动。Meulbroek 等 (1990) 也验证了这一观点，反收购条款更容易导致管理层 "懒政"，从而减少研发投入，增加隐性代理成本。Ravi 等 (2012) 的研究也验证了反收购条款与企业创新投入的负相关关系，Atanassov (2013) 进一步研究发现，反收购条款与企业创新的负相关关系，不仅体现在专利产出数量的减少，更体现在专利质量的下降。

对反收购条款持乐观态度的学者主要基于管家理论假说、长期价值创造理论假说，研究发现反收购条款通过降低短期投资者压力，进而缓解被收购威胁，允许管理层将精力更多集中于企业长期创新。Chemmanur 和 Jiao (2012) 研究发现反收购条款可以减少短视行为，提高长期创新项目的投资数量。Chemmanur 和 Tian (2018) 进一步验证了反收购条款对企业创新的促进作用，即企业采用了越多的反收购条款，就可以越好地保护管理层远离短期资本市场压力，保持长期创新能力。

与国外关于反收购条款的诸多研究相比，我国在该领域的研究成果相对较少。而随着恶意收购事件的频频发生，我国上市公司章程自治空间的进一步提升，越来越多的国内学者聚焦于反收购条款的相关研究。我国部分学者对反收购条款的经济后果产生兴趣，主要集中于对公司内部治理方面的经济后果研究，包括对高管董事轮换（程瑜，2014）、中小股东权益保护（许金花等，2018；李善民等，2016）、代理成本（陈玉罡等，2018）和风险认知（王凯等，2019）等方面的影响。

但是上述研究一方面集中于反收购条款本身，而忽视了我国反收购条款"过度防御"的新特征。另一方面，相较于国外上市公司股权比较分散的情况，我国上市公司股权相对集中，更容易出现控股股东一股独大的情况，所以我国学者更多侧重于对代理成本和中小投资者权益保护的研究，而对企业创新的研究相对较少。因此，本书立足于法律、经济学双重视角，在确定反收购条款过度防御识别标准的基础上，进一步研究反收购条款过度防御对企业创新的影响机理，有一定的现实创新意义。

国外对于反收购条款的衡量多采用指数形式，包括 Field and Karpoff（2002）创建的 FK 指标、Gompers 等（2003）创建的 G 指标，Bebchuk 等（2009）创建的 E 指标。本书对于反收购条款过度防御的理解，建立在投服中心持股行权的实践活动中。投服中心通过"股东建议函""特色维权服务案例"等方式来实现对于公司章程中反收购条款法律效力的监督，以实现对广大中小股东合法权益的保护。具体表现为基于上市公司小股东的角色定位向公司发送股东建议函，建议其修改公司章程；依据其股东身份行使相关股东权利来监督公司对章程的实际执行。

本章以 2007—2018 年我国沪深两市上市公司的具体数据作为研究

对象，在巨潮资讯网的上市公司历史公告平台输入"章程""修改""董事会""投服中心""建议函"等关键词进行人工搜索，并按会计年度逐条翻阅公司章程（修订版）、修改章程公告、相关董事会公告和投服中心建议函。通过数据的一一比对发现，反收购条款过度防御的问题主要体现在董事候选人提名权（62.05%）、分层董事会（13.65%）、金色降落伞（7.04%）三类条款。在投服中心网站平台，输入"投服中心""特色案例"等关键词进行搜索，研究发现过度防御的反收购条款还是集中在董事候选人提名权、分层董事会和金色降落伞三类条款，而有关增加信息披露义务、累积投票等都不具有典型性意义，故不在考虑范围内。

从不同的利益主体出发，研究发现过度防御反收购条款，更多被划分为两类：一类是以维护董事会控制权为核心过度防御反收购条款，主要包括董事候选人提名权和分层董事会；另一类体现为以维护管理层控制权为核心的过度防御反收购条款，主要包括金色降落伞条款。然而，董事会作为股东的代表，其与管理层之间是存在一定的矛盾的，表现在管理层为降低被收购风险，而选择一定程度上减损股东价值。许金花（2018）也验证了这一观点，研究发现股东财富与反收购强度呈负相关关系，其原因体现在管理层牢牢把控反收购条款的修订，维护管理层自身利益的同时，损害了股东的利益。因此，基于管理层视角，认为反收购条款过度防御会增强公司管理层自利动机，管理层更倾向于个人舒适空间，减少长期不确定性高的企业创新活动。而基于以董事会为代表的股东视角，认为反收购条款过度防御会降低公司被收购威胁，缓解短期投资者压力，将精力放在长期技术创新方面。在我国特殊的制度背景下，反收购条款过度防御对企业创新的影响取决于管理层和董事会双重视角影响下的综合影响。因此，本书提出如下竞争性假设：

假设 1a：公司章程中设置的过度防御反收购条款越多，越会阻碍企业创新。

假设 1b：公司章程中设置的过度防御反收购条款越多，越会促进企业创新。

第二节　研究设计

一、样本选择与数据来源

本书对反收购条款过度防御的理解，建立在投服中心持股行权的实践活动中，通过"股东建议函""特色维权服务案例"等方式来实现对于公司章程中反收购条款法律效力的监督，主要体现在董事候选人提名权、分层董事会和金色降落伞三类反收购条款上。在确定过度防御反收购条款基本内容的基础上，将《公司法》《上市公司收购管理办法》的具体条款的要求与投服中心建议函的内容一一对应，确定反收购条款过度防御的具体识别标准。

二、变量设计

1. 被解释变量

企业创新：本书参照 Chemmanur 和 Tian（2018）的研究，从研发投入和研发产出两方面进行衡量，变量设定为企业创新变量（*Innovation*）。研发投入变量包括研发投入的自然对数（*RND*）、研发投入占营业收入比例（*RNDR*）两个基本指标，研发产出包括企业申请的发明、实用新型以及外观设计的专利总数（*Patent*）和最能体现创新能力的企业发明专利申请数（*IPantent*）两个指标。考虑到研发产出的滞后性，本研究采用下一期的研发产出变量作为因变量。

2. 解释变量

解释变量为过度防御反收购条款数（*ATP over*），主要包括以下五类过度防御反收购条款。①如果上市公司章程中设置关于董事提名权持股比例限制的过度防御反收购条款（*SL over*），那 *SL over* 取值为 1，否则为 0。②如果上市公司章程中设置关于董事提名权持股时间限制的过度防御反收购条款（*TL over*），那 *TL over* 取值为 1，否则为 0。③如果上市公司章程中设置关于董事资格审查的过度防御反收购条款（*QE over*），那 *QE over* 取值为 1，否则为 0。④如果上市公司章程中设置关于分层董事会的过度防御反收购条款（*SB over*），那 *SB over* 取值为 1，否则为 0。⑤如果上市公司章程中设置关于金色降落伞的过度防御反收购条款（*GP over*），那 *GP over* 取值为 1，否则为 0。而过度防御反收购条款数（*ATP over*）的衡量标准表现为公司章程中设置董事提名权持股比例限制、持股时间限制、董事资格审查制度、分层董事会和金色降落伞五类过度防御反收购条款数量之和。

3. 控制变量

借鉴陈玉罡等（2014）的相关文献，本书所选的控制变量如表 6-1 所示。

表 6-1　变量名称及其定义

变量	变量符号	变量说明
被解释变量	*Innovation*	研发投入，研发投入的自然对数（*RND*）、研发投入占营业收入比例（*RNDR*）；研发产出，专利申请总数（*Patent*）、发明专利申请数（*IPantent*）

变量	变量符号	变量说明
解释变量	*ATP over*	设置过度防御反收购条款数，*ATP over* 取值为五类过度防御反收购条款数量之和
控制变量	*Board*	董事会人数的自然对数
	IndDirR	独立董事人数/董事会总人数
	Mana−hold	管理层持股数量/公司股票总数量
	*Top*1	第一大股东持股数量/公司股票总数量
	Size	年末总资产的自然对数
	Lev	总负债/总资产
	ROA	净利润/总资产
	Growth	公司营业收入增长率
	Ind_ dum	行业虚拟变量
	Year_ dum	年度虚拟变量

三、模型构建

为了验证假设 H1，本书构建如下回归模型：

$$Innovation_{it} = \alpha_0 + \alpha_1 ATP\,over_{it} + \sum Controls_{it} + \sum Year_t +$$

$$\sum Industry_i + \varepsilon_{it} \qquad (6-1)$$

研发投入（*RND*）和研发投入占营业收入比（*RNDR*）使用当期变量，考虑到研发产出的滞后性，申请的专利总数（*Patent*）和企业发明专利申请数（*IPantent*）采用下一期变量。*ATP over* 作为解释变量，主要考察公司章程中设置过度防御的反收购条款数量，模型同时控制了年度与行业固定效应。

第三节　实证分析

一、描述性统计和相关分析

表 6-2 列示了样本相关变量的描述性统计，企业研发投入（RND）的均值为 1.38，中位数为 0.50，最大值是 23.37，最小值为 0.03，说明上市公司整体的研发投入差异较大；企业当年专利申请总数（$Patent$）的最大值为 529.00，最小值为 1.00，中位数为 11.00，也进一步说明上市公司整体的研发产出差异较大；董事提名权持股比例限制的过度防御条款（$SL over$）的均值为 0.58，董事提名权持股时间限制的过度防御条款（$TL over$）的均值为 0.08，董事资格审查的过度防御条款（$QE over$）的均值为 0.23，分层董事会的过度防御条款（$SB over$）的均值为 0.05，金色降落伞的过度防御条款（$GP over$）的均值为 0.08，相比较其他类型的反收购条款，董事提名权持股比例限制的过度防御条款（$SL over$）制定的更多。过度防御反收购条款数（$ATP over$）的均值为 1.02，标准差为 0.89，中位数为 1.00，表明为了确保上市公司控制权，一部分上市公司确实设置了过度防御反收购条款。其他变量描述性统计详见表 6-2。

表 6-3 是主要变量的 Pearson 相关系数，模型中的变量显著相关且系数较小，说明不存在多重共线性问题。但是不同类别的过度防御反收购条款之间的相关系数有所差别，这进一步验证了反收购条款之间的独特性，不同的反收购条款之间的治理效应都不尽相同。

表6-2 描述性统计

变量	观测数	均值	标准差	最小值	中位数	最大值
RND	4013	1.38	3.06	0.03	0.50	23.37
RNDR	4013	0.05	0.04	0.00	0.04	0.26
Patent	4013	33.13	73.56	1.00	11.00	529.00
IPatent	4013	14.08	32.61	0.00	4.00	237.00
Cost	4013	0.18	0.14	0.01	0.14	0.78
SL over	4013	0.58	0.48	0.00	1.00	1.00
TL over	4013	0.08	0.25	0.00	0.00	1.00
QE over	4013	0.23	0.42	0.00	0.00	1.00
SB over	4013	0.05	0.19	0.00	0.00	1.00
GP over	4013	0.08	0.27	0.00	0.00	1.00
ATP over	4013	1.02	0.89	0.00	1.00	5.00
Board	4013	2.12	0.19	1.10	2.20	2.89
IndDirR	4013	0.37	0.05	0.18	0.33	0.80
Mana hold	4013	0.11	0.16	0.00	0.02	0.64
Top1	4013	0.33	0.14	0.09	0.31	0.75
Size	4013	21.83	1.17	19.91	21.67	25.68
Lev	4013	0.36	0.19	0.04	0.34	0.80
ROA	4013	0.05	0.04	-0.08	0.04	0.18
Growth	4013	0.32	0.43	-0.57	0.23	4.09

表6-3 主要变量相关性分析

变量	RND	RNDR	Patent	IPatent	Cost	SLover	TLover	QEover	SBover	GPover	ATPover
RND	1										
RNDR	0.165***	1									
Patent	0.034***	0.221***	1								
IPatent	0.023***	0.242***	0.034**	1							
Cost	-0.014*	-0.005	-0.007*	-0.001	1						
SLover	-0.022**	-0.220**	-0.017	-0.003**	0.012**	1					
TLover	0.013**	0.012**	0.023	0.002**	0.021**	0.094**	1				
QEover	0.019**	0.016**	0.014	0.003**	0.018**	0.212**	0.067***	1			
SBover	-0.024**	-0.017**	-0.012**	-0.025**	0.015**	0.121***	0.089***	0.065***	1		
GPover	-0.017*	-0.011**	-0.012**	-0.027**	0.011**	0.087***	0.102***	0.098***	0.086***	1	
ATPover	-0.013**	-0.009**	-0.007**	-0.025**	0.023**	0.312**	0.087***	0.096***	0.103***	0.092***	1

注: ***、**、* 分别表示在1%、5%和10%的置信水平上显著。

其中，虽然董事提名权持股比例（*SL over*）、时间限制（*TL over*）、董事资格审查（*QE over*）和分层董事会（*SB over*）都是以维护董事会控制权为核心的同类过度防御反收购条款，但其具体条款之间的效应也不尽相同。董事提名权持股比例限制（*SL over*）、分层董事会（*SB over*）与研发投入、产出呈负相关关系，而董事提名权持股时间限制（*TL over*）、董事资格审查（*QE over*）与研发投入、产出呈正相关关系。这在一定程度上说明了不同的反收购条款对企业创新的投入、产出的影响是不同的，反收购条款之间的治理效应也会受到相互影响。而金色降落伞（*GP over*）与研发投入、产出呈负相关关系，与代理成本呈正相关关系，验证了管理层视角的过度防御反收购条款的基本假设。基于条款之间的不同效应，本书通过设置虚拟变量过度防御反收购条款 *ATP over* 进行统一实证检验。从表 6-3 主要变量相关分析表可以看出，过度防御反收购条款 *ATP over* 与 *RND*、*RNDR*、*Patent*、*IPatent* 的相关系数分别为-0.013、-0.009、-0.007 和-0.025。与前文提出的假设 1a 相一致，即公司章程中设置的过度防御反收购条款越多，越会阻碍企业创新。

二、基本回归结果和分析

从研发投入视角分析，表 6-4 列（1）～（3）表示逐步控制年份和行业的反收购条款过度防御与企业当期研发投入的回归结果，列（4）～（6）表示逐步控制年份和行业的反收购条款过度防御与企业当期研发投入占营业收入比的回归结果。列（3）中，反收购条款过度防御（*ATP over*）的回归系数为-0.094，且在 5%水平下显著，说明反收购条款过度防御对当期企业研发投入有显著的抑制作用。列（6）中，反收购条款过度防御（*ATP over*）的回归系数为-0.149，且在 1%水平上显著，说明反收购条款过度防御显著降低当期研究投入占营业收入的比重，反收购条款过度防御对于企业创新投入有抑制作用，在对创新投入使用研究投入占营业收入的比重指标进行衡量时，其抑制作用更显著。该结论从研发投入视角，初步验证了假设 1a，即公司章程中设置的过度防御反收购条款越多，越会阻碍企业创新。

表 6-4 反收购条款过度防御与企业创新投入回归结果

变量	研发投入 RND_t			研发投入占比 $RNDR_t$		
	（1）	（2）	（3）	（4）	（5）	（6）
$ATP\ over$	−0.085**	−0.089**	−0.094**	−0.150***	−0.144***	−0.149***
	(−2.18)	(−2.30)	(−2.19)	(−2.99)	(−2.84)	(−3.01)
$Constant$	40.543***	43.038***	45.531***	1.994	2.108	2.685
	(22.78)	(22.59)	(22.18)	(1.63)	(1.01)	(1.07)
控制变量	YES	YES	YES	YES	YES	YES
年份	NO	YES	YES	NO	YES	YES
行业	NO	NO	YES	NO	NO	YES
N	4013	4013	4013	4013	4013	4013
$Adj.\ R^2$	0.39	0.40	0.42	0.26	0.27	0.36

注：***、**、*分别表示在 1%、5% 和 10% 的置信水平上显著。

从研发产出视角分析，表 6-5 列（1）~（3）表示逐步控制年份和行业的反收购条款过度防御与企业下期申请的发明、实用新型以及外观设计的专利总数的回归结果，列（4）~（6）表示逐步控制年份和行业的反收购条款过度防御与企业下期发明专利申请数的回归结果。列（3）中，反收购条款过度防御（$ATP\ over$）的回归系数为−0.037，且在 5% 水平下显著，说明反收购条款过度防御对企业下期专利申请总数有显著的抑制作用。列（6）中，反收购条款过度防御（$ATP\ over$）的回归系数为-0.056，且在1%水平上显著，说明反收购条款过度防御对企业下期创新产出的抑制作用在下期发明专利申请数上更突出。该结论从研发产出视角，进一步验证了假设1a，即公司章程中设置的过度防御反收购条款越多，越会阻碍企业创新。

表6-5 反收购条款过度防御与企业创新支出回归结果

变量	专利申请数 $Patent_{t+1}$			发明专利申请数 $IPatent_{t+1}$		
	（1）	（2）	（3）	（4）	（5）	（6）
$ATP\ over$	-0.040**	-0.040**	-0.037**	-0.055***	-0.058***	-0.056***
	（-2.41）	（-2.42）	（-2.37）	（-3.61）	（-3.62）	（-3.60）
$Constant$	0.311	0.540	1.812**	0.959	1.581**	2.691***
	（0.52）	（0.77）	（2.52）	（1.64）	（2.29）	（2.67）
控制变量	YES	YES	YES	YES	YES	YES
年份	NO	YES	YES	NO	YES	YES
行业	NO	NO	YES	NO	NO	YES
N	3187	3187	3187	3187	3187	3187
$Adj.\ R^2$	0.20	0.21	0.26	0.23	0.24	0.25

注：＊＊＊、＊＊、＊分别表示在1%、5%和10%的置信水平上显著。

三、机制检验

基于代理观视角分析发现反收购条款过度防御会减弱外部控制市场的威胁，从而使公司内部的代理问题加剧，其直接体现为管理层的"不作为"，反收购条款过度防御会使经理层懈怠，从而减损企业创新效率。本章将管理费用率（Cost）作为中介变量，检验反收购条款过度防御对企业创新的影响机制，具体回归结果如表6-6所示。列（1）中，反收购条款过度防御（ATP over）的回归系数为0.018，且在10%

水平上显著，说明反收购条款过度防御会加剧公司代理问题。列（2）和列（3）中，反收购条款过度防御（ATP over）和管理费用率（Cost）的回归系数为负，且通过显著性检验，说明反收购条款过度防御加剧公司代理问题，使管理层更加懈怠，从而抑制企业研发投入。列（4）和列（5）中，反收购条款过度防御（ATP over）和管理费用率（Cost）的回归系数为负，且通过显著性检验，说明反收购条款过度防御会加剧代理问题，从而抑制企业研发产出。综上所述，反收购条款过度防御加剧了公司代理问题，从而降低了企业的创新投入和产出效率。

表 6-6　机制检验回归结果

变量	$Cost_t$	RND_t	$RNDR_t$	$Patent_{t+1}$	$IPatent_{t+1}$
	（1）	（2）	（3）	（4）	（5）
ATP over	0.018*	−0.074*	−0.081*	−0.056***	−0.072***
	(1.85)	(−1.89)	(−1.76)	(−2.65)	(−3.12)
Cost		−0.032***	−3.231***	−0.321***	−0.301***
		(−2.81)	(−5.671)	(−4.19)	(−4.06)
Constant	−0.152***	41.037***	2.988	4.587***	4.336***
	(−4.40)	(2.75)	(0.31)	(5.12)	(4.98)
控制变量	YES	YES	YES	YES	YES
年份	YES	YES	YES	YES	YES
行业	YES	YES	YES	YES	YES
N	3211	3127	3127	3127	3127
Adj. R^2	0.23	0.38	0.25	0.21	0.19

注：***、**、* 分别表示在 1%、5% 和 10% 的置信水平上显著。

四、稳健性检验

1. PSM 检验

使用公司年度观测值作为样本，将设置过度防御反收购条款的公司作为实验组，而将没有设置过度防御反收购条款的公司作为控制组。使用倾向得分匹配（PSM）来生成一个与实验组相匹配的控制组样本，对内生性问题进行控制。采用下列模型（6-2）检验可能影响设置过度防御反收购条款的决定因素，其回归模型如下所示：

$$ATP\_over_i = \beta_0 + \beta_1 Board_{it} + \beta_2 IndDirR_{it} + \beta_3 Mana\_hold_{it} + \beta_4 Top1_{it} +$$

$$\beta_5 Size_{it} + \beta_6 Lev_{it} + \beta_7 ROA_{it} + \sum Year_t + \sum Industry_i + \varepsilon_{it}$$

$$(6-2)$$

本书通过模型（6-2）检验上述模型因素对公司在设置过度防御反收购条款时产生的影响。在整体样本期间，在未设置过度防御反收购条款的控制组找到某一公司 j，使其与设置了过度防御反收购条款的实验组中公司 i 的决定因素变量值尽可能相似，采用 1∶3 的近邻匹配方法，即找到与设置了过度防御反收购条款的实验组概率相近的控制组，并将得到的控制组运用到后续检验中。匹配后回归结果如表 6-7 所示，使用 PSM 回归后，本书的结论依然成立。

表 6-7　匹配后回归结果

变量	RND_t	$RNDR_t$	$Patent_{t+1}$	$IPatent_{t+1}$
	(1)	(2)	(3)	(4)
ATP over	−0.072*	−0.080*	−0.051***	−0.064***
	(−1.89)	(−1.75)	(−2.58)	(−3.31)
Constant	20.412***	5.981***	1.918**	2.312**
	(10.23)	(18.95)	(2.01)	(2.23)

续表

变量	RND_t	$RNDR_t$	$Patent_{t+1}$	$IPatent_{t+1}$
	（1）	（2）	（3）	（4）
控制变量	YES	YES	YES	YES
年份	YES	YES	YES	YES
行业	YES	YES	YES	YES
N	3018	3018	1771	1771
$Adj. R^2$	0.40	0.31	0.29	0.25

注：＊＊＊、＊＊、＊分别表示在 1%、5%和 10%的置信水平上显著。

2. 滞后变量检验

主检验中考虑到研发产出的滞后性，申请的专利总数（$Patent$）和企业发明专利申请（$IPantent$）采用 T+1 期数据。为了进一步验证假设的稳健性，对于申请的专利总数（$Patent$）和企业发明专利申请（$IPantent$）采用 T+2 期数据进行验证，回归结果如表 6-8 所示，本书的结论依然成立。

表 6-8 滞后变量检验回归结果

变量	$Patent_{t+2}$	$IPatent_{t+2}$
	（1）	（2）
$ATP\,over$	−0.049＊＊	−0.071＊＊
	（−2.36）	（−2.21）
$Constant$	3.118＊	2.421＊
	（1.77）	（1.89）
控制变量	YES	YES
年份	YES	YES
行业	YES	YES
N	1605	1605
$Adj. R^2$	0.28	0.21

注：＊＊＊、＊＊、＊分别表示在 1%、5%和 10%的置信水平上显著。

3. 替换变量检验

主检验中解释变量为过度防御反收购条款数（*ATP over*），主要包括五类过度防御反收购条款。稳健性检验中主要使用董事提名权持股比例限制、时间限制、董事资格审查制度三类过度防御反收购条款进行替代，回归结果如表6-9所示，本书的结论依然成立。

表6-9　替换变量回归结果

变量	RND_t	$RNDR_t$	$Patent_{t+1}$	$IPatent_{t+1}$
	（1）	（2）	（3）	（4）
ATP over	−0.051*	−0.058*	−0.032*	−0.044*
	（−1.72）	（−1.66）	（−1.89）	（−1.76）
Constant	15.101*	2.983*	1.215	1.308
	（1.69）	（1.80）	（1.19）	（1.02）
控制变量	YES	YES	YES	YES
年份	YES	YES	YES	YES
行业	YES	YES	YES	YES
N	2112	2112	1240	1240
$Adj. R^2$	0.32	0.30	0.19	0.18

注：＊＊＊、＊＊、＊分别表示在1%、5%和10%的置信水平上显著。

五、进一步研究

1. 是否高科技企业的影响

根据上市公司所属行业，将企业划分为高科技企业和非高科技企业。其分类回归结果如表6-10中Panel A所示，反收购条款过度防御对创新的抑制作用在高科技企业中更显著。因为高科技企业的创新行为是提升企业竞争力的基础，其创新行为相较于非高科技企业发生的频率比较高。但是创新行为的风险不确定性比较高，设立过度防御反收购条款导致管理层堑壕问题日益突出，管理层更倾向于不投资或投资短期项目，其对高科技企业的创新行为影响更大，所以反收购条款过度防御对创新的抑制作用在高科技企业中更显著。

2. 市场竞争程度的影响

以各行业赫芬达尔指数的中位数为界限，将企业划分为市场竞争程度高的企业和市场竞争程度低的企业。其分类回归结果如表 6-10 中 Panel B 所示，反收购条款过度防御对创新的抑制作用在市场竞争程度高的企业中更显著。因为企业面临的产品市场竞争环境越激烈，反收购条款过度防御凸显出的委托代理问题越严重，管理层的不作为将进一步放大，所以反收购条款过度防御对创新的抑制作用在市场竞争程度高的企业中更显著。

3. 管理层能力水平的影响

采用研究生高管（硕士和博士研究生）占比衡量管理层能力水平的高低，把研究生高管人数占比高于中位数的企业定义为管理层能力高水平企业，低于中位数的企业定义为管理层能力低水平企业。其分类回归结果如表 6-10 中 Panel C 所示，管理层能力高水平企业会减缓反收购条款过度防御对创新的抑制作用。一般情况下，管理层受教育水平越高，越会发挥其决策的积极作用，进一步缓解反收购条款过度防御所带来的管理层堑壕问题，从而缓解其对创新的抑制作用。

表 6-10　分组检验回归结果

Panel A：是否高科技企业作为分组变量

变量	$Patent_{t+1}$		$IPatent_{t+1}$	
	高科技	非高科技	高科技	非高科技
$ATPover$	-0.041***	-0.008	-0.061***	-0.015
	(-2.58)	(-0.15)	(-3.33)	(-0.39)
$Constant$	2.211**	3.012***	2.501***	3.109***
	(2.35)	(2.63)	(2.85)	(2.61)
控制变量	YES	YES	YES	YES
年份	YES	YES	YES	YES
行业	YES	YES	YES	YES
N	2732	455	2732	455
$Adj. R^2$	0.27	0.22	0.25	0.20

Panel B：市场竞争程度作为分组变量

变量	$Patent_{t+1}$		$IPatent_{t+1}$	
	高竞争	低竞争	高竞争	低竞争
$ATPover$	-0.051**	-0.025	-0.065***	-0.055**
	(-2.01)	(-1.30)	(-2.71)	(-2.50)
$Constant$	2.285	2.423***	3.112	2.851***
	(0.55)	(2.67)	(0.73)	(2.97)
控制变量	YES	YES	YES	YES
年份	YES	YES	YES	YES
行业	YES	YES	YES	YES
N	1324	1864	1324	1864
$Adj. R^2$	0.23	0.28	0.20	0.26

Panel C：管理层能力水平作为分组变量

变量	$Patent_{t+1}$		$IPatent_{t+1}$	
	高水平	低水平	高水平	低水平
$ATPover$	-0.055	-0.011*	-0.093	-0.013**
	(-0.31)	(-1.80)	(-0.44)	(-2.01)

续表

	3.712*		2.883**		3.402*	2.885**
Constant	(1.89)		(2.25)		(1.88)	(2.47)
控制变量	YES	YES	YES	YES		
年份	YES	YES	YES	YES		
行业	YES	YES	YES	YES		
N	821	890	821	890		
Adj. R^2	0.24	0.20	0.22	0.16		

注：***、**、* 分别表示在 1%、5% 和 10% 的置信水平上显著。

第四节　分析与启示

本章得到如下结论：第一，基于上市公司章程修订公告和投服中心股东建议函的具体内容，确定了反收购条款过度防御的识别标准；第二，反收购条款过度防御对企业创新具有显著负效应，其制约机制体现为反收购条款过度防御显著增加了管理层堑壕问题，管理层更趋向于不投资或投资短期有稳定效益的项目，从而进一步降低企业创新水平；第三，反收购条款过度防御对企业创新的制约效应，在高科技企业、竞争激烈程度高的企业中其结果更加显著，而在管理层能力高水平企业中结果不显著。

目前，我国还没有专门法律法规对上市公司章程自治进行严格的规范，所以上市公司为了防止被恶意收购，出现反收购条款过度防御现象。本书立足于这一特殊视角，研究其对企业创新的影响机制，为相关立法部门和监管机构，尤其是积极行权的公益性股东投服中心提供了理论参考。具体而言，在现实的资本市场环境下，更应该将反收购条款制定放入有效的法律框架内，对其条款内容进行有效监管，最大化发挥反收购条款的外部治理监督作用。

第七章　反收购条款过度防御与企业价值

第一节　理论分析与研究假设

随着 2007 年股权分置改革以及资本市场收购浪潮的兴起，反收购也日趋成为研究焦点。上市公司管理层、大股东纷纷重视"驱鲨剂"反收购条款的设置。由于现行以《上市公司收购管理办法》为代表的相关法律法规对公司章程自治的范围规定尚不够明确，上市公司章程中的反收购条款出现过度防御新特征。董事候选人提名权的持股比例最高达到30%，董事候选人提名连续持股时间最长高达 5 年，甚至一些公司章程直接限制董事候选人资格，而金色降落伞条款的赔偿金倍数甚至高达被解聘董事年薪总和的 1000 倍。上述统计数据充分说明上市公司章程中设置的部分反收购条款严重侵害了股东的基本权益。随着公司治理中需要处理的公司章程与相关法律基本要求不一致的情形越来越多，公司章程的法律审查显得尤为重要。

面对上市公司章程中反收购条款"防卫过当"的现实问题，投服中心响应党提出的"创新监管方式"的号召，将"公共实施机制的实质"与"私人实施机制的形式"相结合，创新性"持股行权"。在具有官方监管背景的实质下，行使普通股东的基本权益，将"事前监督"和"事中监督"相结合，既延伸了监管路径，又克服了事后监管的滞后性。投服中心自成立以来，在其现有定位与职能的基础上，在公司治理与公司章程的检索与分析方面开展了一系列工作，通过发送股东建议函的方法，积极督促上市公司修改其不合规、不合法的上市公司章程。因此，基于中国现实特殊的研究背景，直接使用上市公司章程中设置的反收购条款作为研究对象，并不能真实反映反收购条款的外部治理作用，更需要立足于反收购条款的法律视角，在投服中心科学行权的实践基础上，有效识别反收购条款的过度防御问题，研究其真实的治理效应。

与此同时，反收购条款如何影响企业价值在学术研究中也尚且没有统一的结论。一部分学者认为反收购条款与企业价值呈正相关关系（Sanjeev 等，2017；Cremers 等，2017），支持了长期价值假说。另一部分学者认为反收购条款与企业价值呈负相关关系（Gompers 等，2003），验证了堑壕假说。值得注意的是，已有的关于反收购条款的研究大多基于成熟的资本市场，且相关研究大多立足于"是否设置反收购条款"这一简单视角开展研究，对反收购条款的法律效力并没有深入剖析。在我国特殊制度背景下，公司章程自治导致反收购条款过度防御问题的出现，为研究新兴市场国家反收购条款的经济后果提供了难得的机遇。因此，本书立足于不同制度环境的特征，研究在中国现实背景下，如何科学化衡量反收购条款过度防御问题。反收购条款过度防御对企业价值的影响是如何体现的？其影响机理是如何实现的？

基于上述问题，本章通过手工收集公司章程中的反收购条款、投服中心建议函、投服中心特色维权服务等数据，将《公司法》《上市公司收购管理办法》等具体条款的要求与投服中心建议函的内容一一对应，确定反收购条款过度防御的识别标准。在此基础上，运用 PSM-DID 的准自然实验方法检验了反收购条款过度防御对企业价值的影响。实证结果表明，反收购条款过度防御与企业价值呈显著负相关关系，在分别检验设置过度防御反收购条款前后的第一类、第二类代理成本和研发投入、产出的变化后，研究发现反收购条款过度防御会增加企业的第一类和第二类代理成本，导致控股股东与管理层的合谋行为产生，从而验证了堑壕假说，减损了企业长期价值。

本章的研究贡献如下：第一，立足于我国上市公司章程自治的特殊背景，为新兴市场的反收购条款经济后果的研究提供新的经验证据。现有反收购文献主要基于成熟的资本市场环境，我国作为新兴市场的代表，由于法律法规制定和执行力度有待完善，出现了"反收购条款过度防御"这一特殊的经济现象，其设置动机和所产生的治理效果与发达市场存在一定的差异。所以本章结合我国特殊的制度背景分析反收购条款过度防御的治理效应，补充了中国背景下反收购条款的相关研究。第二，本章深入分析反收购条款过度防御对企业价值的影响路径，丰富影响机制研究成果。除了对第一类代理成本和第二类代理成本进行验证，还进一步检验了其对管理层薪酬业绩关联度和管理层离职业绩关联度水平的影响，验证了控股股东与公司管理层的合谋倾向，补充了其作用机理的相关文献。第三，本章立足于法律和经济双视角，在法律视角深入探讨反收购条款法律效力的基础上，从经济视角探讨了其对企业价值的影响。以往的研究仅仅立足于单一的法律视角或经济视角，鲜有将两者结合起来进行深入剖析。本章的研究结论对于相关监管机构政策的制定、投服中心创新性监管方式的实施效果都有积极参考意义。

1. 反收购条款过度防御与企业价值

随着并购浪潮的兴起，很多公司纷纷设置反收购条款，很多学者也对其进行了深入研究。国外学者更倾向于对并购结果（Agrawal and Knoeber，1998；Bebchuk 等，2009；Sokolyk，2011；Goktan and Kieschnick，2012）、财务绩效（Chintrakarn 等，2013）、市场反应（Core 等，2006）、企业创新（Atannassov，2013；Karpoff and Wittry，2018；Chemmanur and Tian，2018）等方面的研究，而国内学者更倾向于对高管董事轮换（程瑜，2014）、中小股东权益保护（许金花等，2018；李善民等，2016）、代理成本（陈玉罡等，2018）、风险认知（王凯等，2019）的影响研究。正是由于中国高度集中的股权结构，所以国内学者更倾向于研究反收购条款对代理成本、中小股东权益保护的影响，研究结果更符合中国实际国情。

已有研究发现反收购条款的设置更可能是维护管理层地位的方式之一，很多学者都验证了堑壕假说（Gompers 等，2003；陈玉罡和石芳，2014）。公司管理层为了避免企业被低价收购，通常倾向于投资为公司带来更快、更确定收益的短期项目，导致长期创新投资不足（Stein 等，1988），损害企业的长期价值。Schepker 等（2016）研究发现"毒丸计划"实施后长期市场财富效应为负，说明资本市场总体认定堑壕效应大于管家效应。Cohen and Wang（2017）运用自然实验法研究发现，分层董事会条款会降低企业价值。Gormley and Matsa（2016）研究发现公司的防御能力越强，越倾向于建立商业帝国，没有考虑到投资决策的最优化，从而减损企业价值的提升。张伟华（2019）立足于我国新兴市场的实践数据，研究发现设置反收购条款对公司价值具有显著的负效应且显著增加了第二类代理成本。

反之，很多学者支持长期价值假说，认为反收购条款在一定程度上可以降低被收购风险，对企业价值有积极影响（Sanjeev 等，2017；Cremers 等，2017；Stráska and Waller，2014）。Sanjeev 等（2017）认为反收购条款可以成为抵御短期市场压力的盾牌，不需要进行真实盈余管理来迎合投资者需求，从而促进企业价值的提升。Cremers 等（2017）研究发现分层董事会条款能够激励公司管理层投资长期项目，从而带来企业价值的提升。Stráska and Waller（2014）研究发现反收购条款不一定降低企业价值，其主要作用体现在提高公司的谈判能力，从而避免被并购的风险。Bhojraj 等（2017）以州法律作为外生事件，主要研究创新型公司的价值效应，研究发现反收购条款能够促进企业价值的提升。Chemmanur 等（2011）研究发现对于管理层素质水平较高的公司，反收购条款有利于提升企业财务指标。Johnson 等（2015）以 IPO 企业作为研究对象，研究发现反收购条款有助于稳定企业管理层和上下游关系，提升了 IPO 企业的价值和业绩表现。

综上所述，立足于国外现实资本市场，反收购条款对公司价值的影响尚没有得出统一的结论。在我国特殊的章程自治的背景下，多家上市公司修改公司章程引入过度防御的反收购条款。除此之外，相较于国外资本市场，我国上市公司的股权更为集中；相较于管理层堑壕假说，控股股东堑壕假说更适应我国的实际国情。按照会计年度逐条翻阅公司章程（修订版）、修改章程公告、相关董事会公告和投服中心建议函，通过数据的一一比对发现，反收购条款过度防御的问题主要体现在董事候选人提名权、分层董事会和金色降落伞三类条款。从不同的利益主体出发，研究发现董事候选人提名权和分层董事会条款更多维护董事会控制权，而金色降落伞条款更多维护管理层控制权。

过度防御的金色降落伞条款更支持管理层堑壕假说，认为其过度防御性体现在公司管理层的自利行为，更多是维护管理层的控制权。而过度防御的董事候选人提名权和分层董事会条款更多支持控股股东堑壕假说，认为反收购条款在保护管理层的同时，也巩固了控股股东的地位，从而为大股东掏空行为提供了庇护。然而，董事会作为股东的代表，其与管理层之间是存在一定的矛盾的，表现在管理层为降低被收购风险，而选择一定程度上减损股东价值，而董事会支持长期价值假说。长期价值假说认为设立反收购条款可以向投资者传递出管理层和大股东对于企业长期经营和发展有信心的积极信号，保护管理层和大股东免受市场压力，避免出现短期决策行为。在我国特殊的制度背景下，过度防御反收购条款如何影响企业价值取决于堑壕假说（管理层堑壕、股东堑壕）和长期价值假说的综合影响。因此，本书提出竞争性假设 1。

假设 1a：公司章程中设置过度防御反收购条款会导致企业价值的损失。

假设 1b：公司章程中设置过度防御反收购条款会促进企业价值的提升。

2. 反收购条款过度防御与代理成本、企业创新

反收购条款过度防御对企业价值的影响存在两种截然相反的路径，一是基于管理层堑壕假说和控股股东堑壕假说的代理成本路径，二是基于长期价值假说的企业创新路径。通过以上分析，反收购条款过度防御对企业价值的影响机制是代理成本路径和创新路径综合作用的结果。

代理成本路径表现为当上市公司设置了过度防御反收购条款，管理层以公司章程自治为借口，至多是收到公益型股东投服中心的股东建议函，不会受到严重的处罚，其公司声誉并不会受到任何损害。除此之外，提前设置过度防御反收购条款，预防恶意并购的发生，更容易获得舆论的同情，塑造悲情英雄的良好形象。管理层在声誉机制约束作用逐渐减弱的条件下，采取不恰当投融资决策的可能性有所增加，企业价值

会进一步降低。控股股东支持上市公司设置过度防御反收购条款，从而阻止了公司控制权发生转移，控股股东牢牢把握住公司控制权，很可能会损害中小股东利益，从而忽视了企业长期价值的增长。因此，本书基于以上分析提出假设2。

假设2a：公司章程中设置过度防御反收购条款会导致第一类代理成本的增加。

假设2b：公司章程中设置过度防御反收购条款会导致第二类代理成本的增加。

反收购条款作为一种公司外部治理机制来解决市场短期压力与创新所代表的公司长期利益之间的矛盾显得十分重要。管家理论假说、长期价值创造理论假说路径表现为过度防御反收购条款保护管理层远离资本市场业绩压力和收购风险，给管理层长期创新预留发展空间，从而提升企业价值。因此，本书基于以上分析提出假设3。

假设3a：公司章程中设置过度防御反收购条款会促进企业创新投入的提升。

假设3b：公司章程中设置过度防御反收购条款会促进企业创新产出的提升。

第二节　研究设计

一、样本选取和数据来源

国外反收购研究比较成熟，对于反收购条款的衡量多采用指数形式，比较成熟的指数包括 Field and Karpoff（2002）创建的 FK 指标、Gompers 等（2003）创建的 G 指标、Bebchuk 等（2009）创建的 E 指标。由于国内外上市公司在制定公司章程时存在显著差异，因此我国学者多采用单指标形式衡量反收购条款。早期学者多采用累积投票制作为衡量指标（陈敏，2007；张宝华等，2012；吴磊磊等，2011），随着累积投票制在公司章程设置中的普遍出现，一部分学者将研究重点集中于分层董事会条款（王凯等，2019；徐明亮和袁天荣，2018）。但也有学者倾向于多指标衡量，但并没有形成比较成熟的指数形式，如陈玉罡和石芳（2014）提出适用的 6 类反收购条款和李善民等（2016）提出的 4 类反收购条款。

反收购条款过度防御的识别方法的初步设计如下：①明确基本概念。将心理学中"过度防御"的概念引入，认定此类反收购条款以保护被收购方自身控制权为核心，而忽略了符合强制性公司法律规范，不得损害中小股东利益等原则。②确定识别方法的基本原则。一是符合强制性公司法律规范，二是不得损害公司和中小股东的整体利益。③确定识别方法的基本内容。根据上市公司章程的修订内容，与投服中心股东建议函、投服中心特色维权服务案例相结合，确定识别的基本内容。研究发现我国上市公司章程反收购条款并未出现新的类型，但董事候选人提名权、分层董事会、金色降落伞三类反收购条款的内容有较大变化，而增加信息披露义务、累积投票制等并不具有典型意义。④确定识别方法的基本标准。将《公司法》《上市公司收购管理办法》的具体条款的要求与投服中心股东建议函的内容相结合，确定基本标准。反收购条款过度防御具体的识别标准如表 7-1 所示。

表 7-1 反收购条款过度防御识别标准

董事候选人提名权		
识别标准	法律依据	投服中心行权案例支撑
将推荐董事候选人的持股比例提高到3%以上	《公司法》第102条第2款	德新交运（603032）投服中心股东建议函〔2017〕1242号
强加连续持股时间作为股东推荐董事候选人的条件	《公司法》第102条第2款	峨眉山A（000888）投服中心股东建议函〔2017〕1146号
直接剥夺恶意并购方的董事候选人提名权	《公司法》第102条第2款《上市公司章程指引》第53条	天业股份（600807）投服中心股东建议函〔2017〕134号
分层董事会		
识别标准	法律依据	投服中心行权案例支撑
针对特定董事的更换	《公司法》第45条第1款，第16条、第121条、第142条《上市公司收购管理办法》第8条、第33条	茂业通信（000889）投服中心股东建议函〔2017〕374号
金色降落伞		
识别标准	法律依据	投服中心行权案例支撑
确定被解聘任期未满的董事及其高级管理人员的补偿金额，超过剩余任期薪酬总和的80%	《公司法》第21条第1款，第37条第2款，第46条第9款，第103条第2款《上市公司治理准则》第32条《上市公司收购管理办法》第33条	多氟多（002407）深交所问询

综上所述，反收购条款过度防御的基本识别标准如下：①将推荐董事候选人的持股比例提高到3%以上；②强加连续持股时间作为股东推

荐董事候选人的条件；③直接剥夺恶意并购方的董事候选人提名权的条件；④对于董事的类别更换进行限制；⑤确定被解聘任期未满的董事及其高级管理人员的补偿金额，超过剩余任期薪酬总和的 80%。上市公司章程中的反收购条款内容只要符合以上任何一个标准，就属于过度防御反收购条款。

以我国沪深两市 2007—2018 年上市公司作为研究对象，剔除金融业、保险业等特殊行业公司样本，剔除 ST、ST* 等特殊经营公司样本，剔除缺失数据的上市公司样本，并对连续型变量进行上下 1% 的缩尾处理，最终样本包含了 2621 家上市公司数据，20144 个研究样本。公司章程中的反收购条款通过手工搜集，按照过度防御反收购条款的识别标准，通过关键词识别加人工判断获取数据。本章使用 Stata 14.0 软件进行数据整理和分析。

二、变量设计

1. 被解释变量

企业价值：本章借鉴 Cremers 等（2017）、Bhojraj 等（2017）和张伟华等（2019）的研究，选择 $Tobin's\ Q$ 作为衡量企业价值的指标。

代理成本：本章借鉴 Jiang 等（2010）的研究，使用 $Cost$ 表示代理成本。第一类代理成本 $Cost\ 1$，使用销售管理费用率衡量。第二类代理成本 $Cost\ 2$，使用大股东对中小股东的资金占用率衡量。

企业创新：本章借鉴 Chemmanur and Tian（2018）的研究，使用 $Innovation$ 表示企业创新。研发投入 $RNDR$，使用研发投入比率衡量。研发产出 $IPantent$，使用最能体现创新能力的企业发明专利申请数衡量。考虑到研发产出的滞后性，本研究采用下一期的研发产出变量作为被解释变量。

2. 解释变量

解释变量为过度防御反收购条款（*ATP over*），主要包括以下五类过度防御反收购条款。过度防御反收购条款数（*ATP over*）是虚拟变量，当上市公司章程中设置了以下任意一种过度防御反收购条款，*ATP over* 取值为1，否则为0。①如果第 t 年上市公司章程中设置关于董事提名权持股比例限制的过度防御条款（*SL over*），那 $SL\ over_t$ 至 $SL\ over_{t+n}$ 取值为1，$SL\ over_{t-n}$ 取值为0。②如果第 t 年上市公司章程中设置关于董事提名权持股时间限制的过度防御条款（*TL over*），那 $TL\ over_t$ 至 $TL\ over_{t+n}$ 取值为1，$TL\ over_{t-n}$ 为0。③如果上市公司章程中设置关于董事资格审查的过度防御条款（*QE over*），那 $QE\ over_t$ 至 $QE\ over_{t+n}$ 取值为1，$QE\ over_{t-n}$ 为0。④如果上市公司章程中设置关于分层董事会的过度防御条款（*SB over*），那 $SB\ over_t$ 至 $SB\ over_{t+n}$ 取值为1，$SB\ over_{t-n}$ 取值为0。⑤如果上市公司章程中设置关于金色降落伞的过度防御条款（*GP over*），那 $GP\ over_t$ 至 $GP\ over_{t+n}$ 取值为1，$GP\ over_{t-n}$ 取值为0。

3. 控制变量

借鉴陈玉罡等（2014）的相关文献，本书所选的控制变量如表7-2所示。

表7-2　变量名称及其定义

变量	变量符号	变量说明
被解释变量	*Tobin's Q*	公司市场价值/资产重置成本
	Cost 1	（销售费用+管理费用）/主营业务收入
	Cost 2	（其他应收款–其他应付款）/总资产
	RNDR	研发投入/营业收入
	IPantent	企业下一期发明专利申请数

变量	变量符号	变量说明
解释变量	*ATP over*	过度防御反收购条款，主要包括五类过度防御反收购条款。章程中只要设置了其中一种过度防御反收购条款，*ATP over* 取值为1，否则为0
控制变量	*Board*	董事会人数的自然对数
	IndDirR	独立董事人数/董事会总人数
	Mana_hold	管理层持股数量/公司股票总数量
	*Top*1	第一大股东持股数量/公司股票总数量
	Size	年末总资产的自然对数
	Lev	总负债/总资产
	ROA	净利润/总资产平均余额
	Ind_dum	行业虚拟变量
	Year_dum	年度虚拟变量

三、模型构建

本书采用 PSM-DID 分析方法，具体分为两步：第一步根据决定因素模型，分为实验组和与之相匹配的控制组。采用检验影响反收购条款过度防御的决定性因素模型，其涉及模型（7-1）如下所示：

$$ATP\ over_i = \alpha_0 + \alpha_1 Board_{it} + \alpha_2 IndDirR_{it} + \alpha_3 Mana\ hold_{it} + \alpha_4 Top1_{it} +$$

$$\alpha_5 Size_{it} + \alpha_6 Lev_{it} + \alpha_7 ROA_{it} + \sum Year_t + \sum Industry_i + \varepsilon_{it}$$

$$(7-1)$$

对设置了过度防御反收购条款的公司而言，如果第 t 年上市公司章程中设置了过度防御反收购条款（*ATP over*），那 *ATP over*$_t$ 至 *ATP over*$_{t+n}$ 取值为1，*ATP over*$_{t-n}$ 取值为0。对于没有设置过度防御反收购条款的公司而言，*ATP over* 取值为0。通过模型（7-1），检验模型中的各个因素对公司在决定是否设置过度防御反收购条款时产生的影响。

通过决定因素模型，匹配形成倾向得分，对于整个样本期间，在未设置过度防御反收购条款的控制组中找到某一公司 j，与设置了过度防御反收购条款的实验组 i 的决定因素尽可能相似，找到了与实验组概率相近的有效控制组，并运用到后续检验中。

第二步，运用双重差分法分析，本书利用以下模型（7-2）：

$$Consequences_i = \beta_0 + \beta_1 ATP\_over_i + \beta_2 After_{it} + \beta_3 ATP\_over_i \times After_{it} +$$

$$\sum Controls_{it} + \sum Year_t + \sum Industry_i + \varepsilon_{it} \qquad (7-2)$$

在模型（7-2）中，过度防御反收购条款（$ATP\ over$）是虚拟变量，当公司章程中设置过度防御反收购条款时，取值为 1；当公司章程中没有设置过度防御反收购条款时，取值为 0。$After$ 为虚拟变量，当公司章程设置过度防御反收购条款之后取值为 1，否则为 0。对于控制组而言，在相应匹配了设置过度防御反收购条款的实验组公司之后，$After$ 在相同年份取值为 1。$ATP\ over_i \times After_{it}$ 表示设置过度防御反收购条款前后，被解释变量在实验组和控制组之间的差异。被解释变量（$Consequence$）分别表示企业价值（$Tobin's\ Q$）、第一类代理成本（$Cost\ 1$）、第二类代理成本（$Cost\ 2$）、企业创新投入（$RNDR$）和企业创新产出（$IPantent$）。此外，模型控制了行业和年度的固定效应，以尽量消除宏观经济和特定行业的影响因素。

第三节 实证分析结果

一、描述性统计和相关性分析

表7-3展示了主要变量的描述性统计分析结果。根据反收购条款过度防御的识别标准，本章重点讨论董事提名权持股比例限制（$SL\ over$）、时间限制（$TL\ over$）、董事资格审查（$QE\ over$）、分层董事会（$SB\ over$）和金色降落伞（$GP\ over$）这五类过度防御反收购条款。因此，过度防御反收购条款是指只要设置了以上五种条款中的任意一个或多个条款，则$ATP\ over$取值为1，否则为0。从表7-3可以得知，$ATP\ over$的平均数为0.05，说明上市公司样本中5%的上市公司设置了过度防御反收购条款。其余变量结果如表7-3所示。

表7-4是主要变量Person相关系数，由表7-4结果可以看出虽然主要变量相关性显著，但相对系数较小，进一步验证了变量之间不存在多重共线性问题。但是不同类型反收购条款之间的相关系数可能不同，这进一步验证了反收购条款之间的独特性。

其中，董事提名权持股比例限制（$SL\ over$）、分层董事会（$SB\ over$）与企业价值和研发投入产出负相关，与第二类代理成本呈正相关关系。持股时间限制（$TL\ over$）、董事资格审查（$QE\ over$）与企业价值、研发投入产出、第二类代理成本都呈正相关关系。而金色降落伞（$GP\ over$）与企业价值和研发投入产出负相关，与第一类代理成本呈正相关关系。这说明以维护董事会控制权为核心的条款主要与第二类代理成本呈正相关关系，而以维护管理层控制权为核心的条款主要与第一类代理成本呈正相关关系。而对于企业价值的影响，不同的反收购条款之间的正负向影响是不同的，反收购条款之间的治理效应也会受到相互影响，所以本书通过设置虚拟变量反收购过度防御条款 *ATP over* 进行实证检验。从表7-4主要变量相关分析可以看出，反收购过度防御条款 *ATP over* 与企业价值 *Tobin's Q* 的相关系数为负。与前文提出的假设1a相一致，即公司章程中设置过度防御反收购条款会减少企业价值。

表7-3 描述性统计

变量	观测数	均值	标准差	最小值	中位数	最大值
Tobin's Q	20144	2.42	2.18	0.22	1.77	12.25
COST 1	20144	0.18	0.13	0.01	0.15	0.78
COST 2	20144	0.67	1.11	−2.58	0.41	6.01
RNDR	20144	0.05	0.04	0.00	0.04	0.25
IPantent	20144	14.09	32.63	0.00	4.00	237.00
SL over	20144	0.12	0.10	0.00	0.00	1.00
TL over	20144	0.01	0.05	0.00	0.00	1.00
QE over	20144	0.05	0.09	0.00	0.00	1.00
SB over	20144	0.01	0.10	0.00	0.00	1.00
GP over	20144	0.02	0.04	0.00	0.00	1.00
ATP over	20144	0.05	0.03	0.00	0.00	1.00
Board	20144	2.10	0.17	1.11	2.22	2.90
IndDirR	20144	0.38	0.05	0.19	0.34	0.81
Mana hold	20144	0.11	0.17	0.00	0.03	0.65
*Top*1	20144	0.34	0.15	0.08	0.32	0.76
Size	20144	21.85	1.18	19.93	21.71	25.70
Lev	20144	0.37	0.18	0.05	0.35	0.79
ROA	20144	0.06	0.05	−0.07	0.05	0.19

表7-4　主要变量相关性分析

变量	Tobin's Q	COST1	COST2	RNDR	IPantent	SLover	TLover	QEover	SBover	GPover	ATPover
Tobin's Q	1										
COST1	0.365***	1									
COST2	-0.034***	-0.221***	1								
RNDR	0.238***	0.242***	-0.034**	1							
IPatent	0.004***	0.005***	-0.001*	0.007***	1						
SLover	-0.012*	0.020	0.017*	-0.003*	-0.012**	1					
TLover	0.013**	0.012	0.023*	0.002**	0.021**	0.094**	1				
QEover	0.019**	0.016	0.014**	0.003**	0.018**	0.212**	0.067***	1			
SBover	-0.024*	0.017	0.012*	-0.005**	-0.015**	0.121***	0.089***	0.065***	1		
GPover	-0.017**	0.019**	0.017	-0.007**	-0.011**	0.087**	0.102***	0.098***	0.086***	1	
ATPover	-0.015**	0.022**	0.007	-0.008**	-0.023**	0.312**	0.087**	0.096***	0.103***	0.092***	1

注：***、**、*分别表示在1%、5%和10%的置信水平上显著。

二、倾向得分匹配

根据研究设计，本章进行 PSM 分析，实验组为 2007—2018 年间设置过度防御反收购条款的上市公司，控制组为 2007—2018 年未设置过度防御反收购条款的上市公司，通过模型（1）的回归模型来估计倾向得分，采用 1∶3 的比例方式进行配对。PSM 在配对方面的可靠性要求是，匹配后的实验组和控制组样本在决定因素变量上不存在显著差异。因此，本书首先对匹配样本进行平衡性检验。表 7-5 列示了匹配样本的平衡性检验，相较于匹配前实验组和控制组的相关数据，匹配后的实验组和控制组在表 7-5 等方面差异大幅下降。因此，本书选择的决定性变量和匹配方法都是正确的，PSM 匹配方法估计结果是可靠的。

表 7-5　匹配样本的平衡性检验

变量	匹配前			匹配后		
	实验组	控制组	差异	实验组	控制组	差异
Board	2.118	2.128	−0.01	2.118	2.119	−0.001
IndDirR	0.373	0.372	0.001	0.373	0.372	0.0001
Mana hold	0.124	0.103	0.021*	0.124	0.122	0.002
*Top*1	0.271	0.364	−0.093*	0.271	0.270	0.001
Size	21.834	21.780	0.054	21.834	21.815	0.007
Lev	0.426	0.441	−0.015*	0.426	0.432	−0.006
ROA	0.047	0.040	0.007	0.047	0.050	−0.003

表 7-6 显示模型（1）决定性因素的回归结果，结果显示管理层持股比例与反收购条款过度防御呈显著正相关关系，其实际系数为 2.121，这说明设置过度防御反收购条款的上市公司其管理层持股比例明显偏高。第一大股东持股比例与反收购条款过度防御显著负相关，其

实际系数为-5.532，这说明设置过度防御条款的上市公司其大股东持股比例明显偏低，股权比较分散。杠杆水平与反收购条款过度防御显著负相关，其实际系数为-0.824，说明设置过度防御条款的上市公司其资产负债率水平不高。

设置过度防御反收购条款的上市公司的突出特征表现为杠杆水平较低，大股东持股比例较低，说明经营业绩良好的股权比较分散的上市公司，更容易被并购方看重，其被并购的风险大幅度提高。为了有效降低被恶意收购的风险，上市公司更倾向于在公司章程中设置过度防御反收购条款。同时，管理层持股比例比较高的上市公司也更倾向于在公司章程中设置过度防御反收购条款，以保障公司控制权的安全。

表 7-6 决定性因素分析模型

变量设计	预测系数	实际系数	P 值
Board	?	-0.023	0.311
IndDirR	?	0.281	0.614
Mana hold	+	2.121**	0.013
*Top*1	-	-5.532*	0.001
Size	?	0.031	0.705
Lev	-	-0.824*	0.092
ROA	?	1.832	0.235

三、双重差分检验

经过 PSM 方法处理以后，本章使用 PSM-DID 方法对模型 (7-2) 进行检验。双重差分模型控制了行业和年度的固定效应，表 7-7 列示了模型 (2) 的面板 DID 结果，其中列 (1) (3) (5) (7) (9) 和列 (2) (4) (6) (8) (10) 的区别主要体现在是否加入控制变量的回归结果。

表7-7　设置过度防御反收购条款的 DID 回归结果分析

变量	Tobin's Q		COST1		COST2		RNDR		IPantent	
	(1)	(2)	(3)	(4)	(5)	(6)	(7)	(8)	(9)	(10)
ATPover	0.232	0.354	-0.019	-0.018	-0.243**	-0.144***	0.025	0.018	0.002	0.001
	(1.21)	(1.33)	(-1.11)	(-0.99)	(-2.43)	(-2.77)	(1.47)	(1.08)	(1.44)	(1.01)
After	0.165	0.087	-0.004	-0.011	-0.065	-0.078	-0.004	-0.014	-0.001	-0.001
	(0.89)	(0.55)	(-0.30)	(-1.01)	(-0.68)	(-1.51)	(-0.56)	(-0.68)	(-0.34)	(-0.56)
ATPover ×After	-0.543**	-0.507**	0.025*	0.007*	0.251**	0.132*	-0.019	-0.012	-0.002	-0.001
	(-2.20)	(-2.01)	(1.75)	(1.87)	(2.21)	(1.76)	(-0.89)	(-0.77)	(-0.88)	(-0.69)
Board		0.006		0.003		-0.021***		-0.011**		-0.001**
		(0.37)		(0.91)		(-4.14)		(-2.04)		(-2.11)
IndDirR		-0.541		0.036		-0.211		0.012		0.001
		(-0.99)		(0.80)		(-1.16)		(0.22)		(0.22)
Manahold		0.132		0.023		0.341		0.015		0.003
		(0.45)		(0.87)		(0.45)		(0.43)		(0.56)
Top1		-0.281		-0.084*		0.745*		0.013		0.004
		(-0.75)		(-1.62)		(1.88)		(0.83)		(0.85)

续表

变量	Tobin's Q		COST1		COST2		RNDR		IPanient	
	(1)	(2)	(3)	(4)	(5)	(6)	(7)	(8)	(9)	(10)
Size		0.084		0.011		0.271***		0.011		0.001
		(0.75)		(1.22)		(5.12)		(1.02)		(1.13)
Lev		-2.101**		-0.177***		-0.133		-0.011***		-0.010***
		(-2.57)		(-5.87)		(-1.12)		(-4.55)		(-4.12)
ROA		2.253		-0.265		3.126***		0.035**		0.031**
		(1.34)		(-0.87)		(5.67)		(2.58)		(3.11)
Constant	3.315***	4.711***	-0.157***	-0.081	-0.431	-4.122***	0.015*	0.014	0.542	0.327
	(10.54)	(3.75)	(-10.11)	(-0.66)	(-1.03)	(-5.11)	(1.43)	(0.57)	(0.91)	(0.43)
Industry	YES	YES	YES	YES	YES	YES	YES	YES	YES	YES
Year	YES	YES	YES	YES	YES	YES	YES	YES	YES	YES
N	2587	2514	2587	2514	2587	2514	2587	2514	2587	2514
Adj. R^2	0.17	0.28	0.12	0.18	0.09	0.20	0.22	0.28	0.21	0.19

注：***、**、* 分别表示在 1%、5% 和 10% 的置信水平上显著。

列（1）和（2）主要检验反收购条款过度防御对企业价值的影响。在列（2）中，交乘项 *ATP over×After* 的回归系数为−0.507，且在5%的统计水平上显著，这说明相对于未设置过度防御反收购条款的公司而言，设置了过度防御反收购条款的企业价值显著降低，从而验证了假设1a，即公司章程中设置过度防御反收购条款会减少企业价值。列（3）和（4）主要检验反收购条款过度防御对第一类代理成本的影响。在列（4）中，交乘项 *ATP over×After* 的回归系数为0.007，且在10%的统计水平上显著，从而验证了假设2a，即过度防御反收购条款有效保护了管理层的地位，使得对于管理层的监督治理作用失效，从而增加了第一类代理成本。列（5）和（6）主要检验反收购条款过度防御对第二类代理成本的影响。在列（6）中，交乘项 *ATP over×After* 的回归系数为0.132，且在10%的统计水平上显著，从而验证了假设2b，即公司章程中设置过度防御反收购条款会增加第二类代理成本，使得大股东掏空概率大幅度上升。列（7）和（8）主要检验反收购条款过度防御对企业创新投入的影响。在列（7）和（8）中，交乘项 *ATP over×After* 的回归系数分别为−0.019和−0.012，但都不显著。列（9）和（10）主要检验反收购条款过度防御对企业创新产出的影响。在列（9）和（10）中，交乘项 *ATP over×After* 的回归系数分别为−0.002和−0.001，且均不显著。这进一步验证了过度防御反收购条款对于企业的长期创新并没有显著的价值效应。

从控制变量视角进行分析，*Board* 的回归系数在列（6）中显著为负，说明随着董事会人数的增多，能够更好地建立约束控股股东掏空行为的有效监督机制。*Top*1 的回归系数在列（4）中显著为负，而在列（6）中显著为正，表明控股股东持股比例与第一类代理成本呈负相关关系，而与第二类代理成本呈正相关关系，说明控股股东对管理层起到了积极的监督作用，却没能有效抑制大股东的掏空行为。ROA 的回归系数在列（8）和列（10）中显著为正，说明收益水平越高的企业，越愿意将更多的资金投入研发中，企业的长期价值可以增值。

综上所述，在公司章程中设置过度防御反收购条款使企业价值显著降低，假设 1a、假设 2a 和假设 2b 都得到了有效的验证，堑壕假说和代理路径得到了证实。这说明上市公司设置过度防御反收购条款，不仅仅在法律方面超出了其司法认定标准，还在经济后果方面带来了企业长期价值的损耗，验证了两类代理成本增加所带来的价值损耗。

四、稳健性检验

为了证明上述结果的稳健性，本章使用董事候选人提名权条款，包括持股比例限制（SL over）、持股时间限制（TL over）、董事资格审查（QE over）三类过度防御反收购条款作为 ATP_ over 的替代变量。检验设置过度防御董事候选人提名权条款前后对以企业价值为代表的相关经济后果变量所产生的差异变化。具体稳健性结果如表 7-8 所示。

通过表 7-8 可以看出，设置过度防御董事候选人提名权条款仍会降低企业价值，第二类代理成本会显著增加，但是第一类代理成本的系数不显著，这可能由于此类条款更多的是维护控股股东利益，所以仅仅带来第二类代理成本的增加，而对第一类代理成本没有显著影响。而研发投入和研发产出的系数也仍不显著，说明替代了原有的过度防御反收购条款的衡量方式后，原有结论仍成立。回归系数的符号方向和显著性与前面结果相比，没有较大区别。综上所述，研究结果比较稳健。

表7-8　设置董事候选人提名权条款的 DID 回归结果分析

变量	Tobin's Q		COST1		COST2		RNDR		IPantent	
	(1)	(2)	(3)	(4)	(5)	(6)	(7)	(8)	(9)	(10)
ATP$_{over}$	0.342	0.241	-0.021	-0.016	-0.213*	-0.167*	0.021	0.010	0.003	0.002
	(1.27)	(1.01)	(-1.05)	(-0.87)	(-1.85)	(-1.89)	(1.23)	(1.06)	(1.33)	(1.12)
After	0.211	0.120	-0.005	-0.016	-0.078	-0.122	-0.011	-0.025	-0.001	-0.001
	(1.10)	(0.67)	(-0.30)	(-0.11)	(-0.87)	(-1.41)	(-0.76)	(-0.86)	(-0.35)	(-0.65)
ATP$_{over}$×After	-0.573**	-0.461**	0.021	0.008	0.257**	0.168*	-0.021	-0.017	-0.003	-0.002
	(-2.27)	(-2.27)	(1.15)	(1.04)	(2.05)	(1.55)	(-0.98)	(-0.87)	(-0.78)	(-0.66)
Board		0.014		0.002		-0.012		-0.013**		-0.001
		(0.77)		(0.88)		(-1.14)		(-2.14)		(-1.17)
IndDirR		-1.11*		0.057		-0.801		0.013		0.002
		(-1.78)		(0.85)		(-1.31)		(0.24)		(0.21)
Manahold		0.121		0.032		0.344		0.021		0.002
		(0.32)		(0.84)		(0.47)		(0.34)		(0.51)
Top1		-0.281		-0.124*		0.998*		0.015		0.004
		(-0.55)		(-1.72)		(1.98)		(0.98)		(0.81)

续表

变量	Tobin's Q		COST1		COST2		RNDR		IPantent	
	(1)	(2)	(3)	(4)	(5)	(6)	(7)	(8)	(9)	(10)
Size		0.087		0.007		-0.011*		0.015		0.001
		(0.85)		(1.22)		(-1.72)		(1.12)		(1.02)
Lev		-3.011**		-0.207***		0.253		-0.012***		-0.010***
		(-2.57)		(-5.48)		(1.57)		(-3.45)		(-3.23)
ROA		2.753		-0.425		6.132***		0.041**		0.030**
		(1.44)		(-0.87)		(8.72)		(2.87)		(2.76)
Constant	3.655***	3.511*	-0.166***	-0.081*	-0.427	-2.722***	0.011*	0.015	0.542	0.370
	(12.54)	(1.75)	(-7.11)	(-1.66)	(-1.12)	(-4.96)	(1.45)	(0.75)	(0.91)	(0.41)
Industry	YES	YES	YES	YES	YES	YES	YES	YES	YES	YES
Year	YES	YES	YES	YES	YES	YES	YES	YES	YES	YES
N	1978	1906	1978	1906	1978	1906	1978	1906	1978	1906
Adj. R^2	0.20	0.27	0.11	0.17	0.06	0.16	0.20	0.21	0.19	0.17

注：***、**、* 分别表示在1%、5%和10%的置信水平上显著。

五、进一步研究

在前面的研究中，已经验证了反收购条款过度防御对代理成本的影响，研究发现设置过度防御反收购条款的上市公司在显著增加第一类代理成本的同时，也会增加第二类代理成本。鉴于管理层堑壕问题和控股股东堑壕问题的同时发生，进一步分析控股股东是否会与管理层合谋来实现其"隧道"效应。

在市场经济环境下，管理层的薪资水平都和企业的真实业绩水平息息相关，管理层出于自身薪资水平的考量，会对控股股东的私利行为进行严格抵制。同时，控股股东的掏空行为也会对上市公司声誉产生不良影响，进一步损害公司管理层的个人职业生涯信誉，所以管理层出于薪酬和声誉的双重考量，一般不会配合控股股东的利益挖掘行为。但是，控股股东可能会选择联合管理层的方式来实现自己的掏空行为，主要通过以下两种方式实现。一是降低管理层被牵连的风险，降低管理层薪酬业绩关联度，管理层不用担心公司业绩对自己薪酬的影响。二是提高管理层职位的稳定性，降低管理层被替换风险，降低管理层离职业绩关联度。

基于上述分析，我们检验了在公司章程中设置过度防御反收购条款与管理层薪酬业绩关联度之间的关系。本书采用薪酬工资水平最高的前三名高管、董监高的平均薪酬的自然对数作为管理层薪酬业绩的衡量指标，分别表示为 *Execomp* 和 *Dsecomp*。由表7-9列（1）和（2）可知，变量 *ATP over× ROA* 的交乘项系数在模型中均显著为负，说明相对于没有设置过度防御反收购条款的上市公司，设置了过度防御反收购条款的上市公司其管理层的薪酬业绩关联度水平较低。进一步考察在公司章程中设置过度防御反收购条款与管理层离职业绩关联度之间的关系。使用

CEO 是否发生变更作为管理层离职的衡量指标，控制变量包括高管学历、年龄及任期和其他公司特征等变量。由表 7-9 列（3）可知，变量 *ATP over* × *ROA* 的交乘项系数显著为正，这说明在设置了过度防御反收购条款的上市公司中，CEO 因为企业业绩不佳而发生更换的可能性比较小，CEO 的离职业绩关联度水平比较低。通过对以上回归结果的分析，在公司章程中设置过度防御反收购条款的上市公司，不仅仅控股股东多有掏空行为，表现为第二类代理成本的上升，管理层薪酬业绩关联度水平、离职业绩关联度水平的进一步降低，也证实了控股股东更可能与管理层合谋而加重了代理问题。

表 7-9　薪酬业绩关联度、离职业绩关联度回归结果分析

变量	*Execomp*	*Dsecomp*	*CEO change*
	（1）	（2）	（3）
ATP over	−0.021	−0.001	0.140***
	（−0.56）	（−0.04）	（3.81）
ATP over × *ROA*	−0.732***	−0.720***	1.617***
	（−2.88）	（−2.98）	（3.89）
ROA	1.302***	1.317***	−1.879***
	（5.12）	（5.13）	（−4.99）
Size	0.351***	0.361***	0.053***
	（13.11）	（12.89）	（3.51）
Fage	0.011	0.021	0.043
	（0.36）	（0.77）	（1.12）
*TOP*1	0.002	0.002	−0.003**
	（1.26）	（1.21）	（−2.71）
Institution	0.007***	0.005**	−0.002
	（2.66）	（2.44）	（−1.20）

续表

变量	Execomp	Dsecomp	CEO change
	（1）	（2）	（3）
LEV	−0.081*	−0.052*	0.033
	（−1.78）	（−1.78）	（0.66）
Board	0.033***	0.027***	−0.005
	（4.12）	（4.17）	（−0.33）
IndDirR	0.351	0.306	0.277
	（1.55）	（1.12）	（0.76）
Education			−0.029**
			（−1.99）
Age			0.012***
			（3.98）
Tenure			−0.212***
			（−7.81）
Duality			−0.081***
			（−3.12）
Constant	3.112***	4.023***	−1.691**
	（5.51）	（4.12）	（−2.22）
Industry	YES	YES	YES
Year	YES	YES	YES
N	2502	2178	2076
Adj. R^2	0.37	0.31	0.18

注：＊＊＊、＊＊、＊分别表示在1%、5%和10%的置信水平上显著。

第四节 分析与启示

本章以 2007—2018 年沪深两市 A 股上市公司为样本，在构建反收购条款过度防御指标（*ATP over*）的基础上，依托 PSM-DID 的"准自然实验"法着重研究了反收购条款过度防御对企业价值的影响及其影响路径分析。研究结果发现反收购条款过度防御会降低企业价值，其影响路径是通过增加第一类代理成本和第二类代理成本实现的。进一步分析发现在公司章程中设置过度防御反收购条款的上市公司，管理层薪酬业绩关联度和管理层离职业绩关联度水平也进一步降低，说明不仅控股股东多有掏空行为，且控股股东更可能与管理层合谋而加重了代理问题。综合实践结果表明，反收购条款过度防御会增强双重堑壕效应，最终损害企业价值。

目前，我国还没有设置专门的法律法规对反收购条款的法律效力进行严格规范。本书立足于法律与经济双重视角，在对反收购条款法律效力界定的基础上，研究反收购条款过度防御对企业价值的影响，为立法机关和监管机构深入思考反收购条款的法律效力提供了有力的实践支撑。有利于监管机构对反收购条款进行合理法律框架监管，积极发挥反收购条款的积极效应，摒弃过度防御所带来的管理层惰性，实现企业价值的最终增长。

第八章　研究结论、政策建议与研究展望

第一节　研究结论

相对于美国、英国对反收购行为比较中立的立法态度，我国的立法空间相对比较挤压，我国上市公司趋向于选择预防性反收购策略，即在公司章程中设置反收购条款。同时由于我国"公司章程自治"的现实背景，我国上市公司设置的反收购条款表现出"过度防御"的核心特征。本书的相关研究围绕"反收购条款过度防御"这一核心问题展开，主要结论如下。

1. 构建反收购条款过度防御作用机理分析框架

统筹"内部结构化分析"和"外部功能化分析"的逻辑联系，构建反收购条款过度防御作用机理分析框架。"内部结构化分析"主要立足于反收购条款本身，着重分析董事候选人提名条款、分层董事会条款和金色降落伞条款三类反收购条款，在现状梳理的基础上，判断其具体的法律效力，并分析其作用效果。"外部功能化分析"立足

于反收购条款过度防御本身，剖析其对企业创新和企业价值的影响机理。

2. 系统建立反收购条款过度防御指标体系

遵循"确定指标基本内容—明确设定标准—构建衡量标准"这一逻辑主线，系统建立反收购条款过度防御指标体系。一是确定指标基本内容，通过逐条翻阅公司章程（修订版）、修改章程公告和相关董事会公告与投服中心特色维权服务案例相结合明确设定标准，确定指标体系的基本内容包括董事候选人提名权、分层董事会和金色降落伞。二是明确设定标准，将《公司法》《上市公司收购管理办法》的具体条款的要求与投服中心行权函的内容相结合，确定指标体系的基本标准。反收购条款过度防御的认定标准包括"将推荐董事候选人的持股比例提高到3%以上""强加连续持股时间作为股东推荐董事候选人的条件""直接剥夺恶意并购方的董事候选人提名权的条件""对于董事的类别更换进行限制""确定被解聘任期未满的董事及其高级管理人员的补偿金额，超过剩余任期薪酬总和的80%"。三是构建衡量标准，上市公司章程中的条款内容只要符合以上任何一个标准，就属于过度防御反收购条款。在确定指标评价方法的基础上，对指标衡量标准进行界定，为后续的实证研究奠定计量基础。

3. 反收购条款过度防御对企业创新的影响机理研究

研究发现反收购条款过度防御对企业创新具有显著负效应，其制约机制体现为显著增加了企业的代理成本，管理层倾向于选择简单保守的投资策略，而不是高风险的创新性策略。进一步分析发现，反收购条款过度防御对创新的抑制作用在高科技企业、竞争激烈程度高的企业中更显著，在管理层能力高水平企业中不显著。研究结论为上市公司合理设置反收购条款并充分发挥其价值效应提供了明确的经验证据。

4. 反收购条款过度防御对企业价值的影响机理研究

研究发现反收购条款过度防御对企业价值有显著抑制作用，其制约机制体现为显著增加了第一类代理成本和第二类代理成本。进一步研究发现，管理层薪酬业绩关联度和管理层离职业绩关联度水平也进一步降低，说明控股股东更可能与管理层合谋而加重了代理问题。研究结论为上市公司合理设置反收购条款提供了法律与经济的双重经验证据，对投服中心等创新型的监管方式亦有重要意义。

第二节　政策建议

理论分析和实证检验表明，反收购条款过度防御对企业创新、企业价值具有显著负效应，其制约机制体现为显著增加了企业的代理成本。因此，规范上市公司章程中的反收购条款内容，意义十分重大，本节构建"公司治理、股权结构、政府监管"三位一体的治理机制，提出如下政策建议，通过公司层面的管理利用市场调节机制促进上市公司自主提高公司章程自治水平，达到净化资本市场环境的目标。

一、完善公司章程

由于缺乏相关法律指引，很多上市公司在公司章程中设置的反收购条款存在诸多不规范之处，甚至存在违法嫌疑。若反收购条款最终被认定为无效，不仅无法实现预期的抵御恶意收购的目的，而且会使公司陷入更加被动的局面，一些公司为了避免被收购，只能采取事后反收购策略与恶意收购方展开拉锯战，造成公司人力、财力的大量浪费，不利于公司未来发展。为了避免上述局面的出现，建议可以对《上市公司章程指引》中常见反收购条款的合法性进行判断，并设置相应的示范文本，为上市公司制定反收购条款提供参考依据，提高反收购条款的规范性。

二、优化股权结构

股权结构，包括股权集中度、机构投资者持股比例等方面，这些都对上市公司章程自治行为有明显的影响，应引起上市公司的关注。

1. 适度优化股权集中度

股权集中度体现了公司股权的重要分布，从股东与管理层之间代理问题的角度分析，分散的股权结构更容易产生严重的内部人控制现象，不利于公司内部治理，但从大股东与中小股东之间代理问题的角度分析，大股东控股更容易产生利益侵占行为，大股东的利益侵占同样会对公司治理产生不利影响，对我国上市公司而言，信息内容失真和信息披露违规的作用受到控股股东的影响更加显著。事实上，国内上市公司中的"一股独大"，缺乏来自外部的控制监督，存在着控股股东大量侵害上市公司利益的行为。上市公司提供虚假财务报告往往都是在控股股东的指挥或控制下，通过董事会和经理层的控制对上市公司财务报告施加重大影响下进行的。因此，适度优化股权集中度，以避免少数大股东控股，为了追求利益最大化，而侵占小股东利益行为的发生。

2. 适度提高机构投资者持股比例

研究表明，上市公司机构投资者持股比例越高，公司内部治理的管理水平就越高。这是由于一方面机构投资者作为独立的股东，其利益与公司的经营业绩密切相关，有动机通过公司治理抑制管理层的机会主义行为；另一方面作为专业的投资机构，其专门的知识能力和监督成本优势使得机构投资者能更好地扮演积极的监督角色，从而降低大股东侵权行为的发生。因此，应当适度提高机构投资者持股比例，发挥其监督制衡作用，确保公司有效的内部治理水平。

三、落实机构监管

监管层对上市公司章程自治的监管还体现在完善反收购条款监管制度、优化投服中心监管质量和建立上市公司章程评价体系三个方面。

1. 完善反收购条款监管制度

根据《证券法》《上市公司收购管理办法》的相关规定，证监会作为监管部门，有权对上市公司章程中的反收购条款的合法性进行审查，并以出具警示函等方式责令改正。但是，实践中证监会的监管效果并不理想，很多上市公司并未对警示函内容给予充分重视，仅将其视为一种建议，甚至置之不理。为了妥善解决监管不力的问题，本书认为有必要设立独立的反收购条款监管机构，由该机构对各上市公司章程中的反收购条款进行审查，并及时对上市公司提出修改意见，责令改正。同时，在《上市公司收购管理办法》中规范审查程序，增加多种惩戒措施，对拒不修改公司章程的公司予以严厉处罚，使监管工作落实到位。

2. 优化投服中心监管质量

投服中心通过购买并持续持有上市公司、挂牌公司股份的方式来获得证券投资者身份，然后再以此身份在证券市场运行的各个环节行使投资者权益，从而实现积极保护投资者权益的市场态势，确保证券法宗旨的有效实现。投服中心基于上市公司小股东的角色定位向公司发送股东建议函，建议修改公司章程，或者在大量数据分析调查的基础上根据上市公司的行业、体量、股权结构等制定不同的公司章程模板供公司选择，督促上市公司不断完善公司章程。分类管理的公司章程更符合上市公司的具体情况，也进一步优化投服中心的监管质量。

3. 建立上市公司章程评价体系

建立上市公司章程评价体系，对上市公司章程的完善和执行情况进行评价。虽然有关法律法规对上市公司章程中的条款做了相应的规定，但是对于具体的标准没有统一规定，而是由公司自行确定，这就给公司提供了自治空间，从而造成公司设置的反收购条款存在不合法，严重损害中小股东利益的情况。因此，本书认为监管部门应当进一步完善上市公司章程评价体系，特别是需要进一步完善上市公司章程评价体系的具体参考细则及客观评价标准。通过建立科学详细的标准，以减少上市公司章程的自由裁定权，使得上市公司章程具有统一口径，这对学术研究和实务决策判断都具有十分重要的现实意义。

第三节　研究展望

由于数据和研究内容所限，本书还可以从以下几个方面进行改进：

本书使用当期数据研究上市公司章程中的反收购条款，考虑到上市公司章程的持续性影响，可以在未来考虑使用持续性数据衡量上市公司章程中的反收购条款问题；

在反收购条款过度防御的经济后果研究中，反收购条款过度防御对企业创新、企业价值的影响机理研究仅仅是其经济后果系列研究的一个分支，未来可以持续研究其对权益资本成本、债务资本成本、盈余质量、风险认知水平等方面的影响。

参考文献

一、中文文献

[1] 林崇德，杨治良，黄希德. 心理学大词典：下 ［M］. 上海：上海教育出版社，2003.

[2] 陈敏. 论投票制度与我国上市公司治理的改进 ［J］. 证券市场导报，2007（2）：26-29.

[3] 陈文婷，李善民，刘中华. 要约收购制度改善与控股股东利益侵占研究 ［J］. 中山大学学报（社会科学版），2018，58（5）：186-197.

[4] 陈玉罡，石芳. 反收购条款、并购概率与公司价值 ［J］. 会计研究，2014（2）：34-40.

[5] 陈玉罡. 累积投票制、利益侵占与公司绩效 ［J］. 财贸研究，2015（1）：134-142.

[6] 陈玉罡，许金花，李善民. 对累积投票制的强制性规定有效吗？［J］. 管理科学学报，2016，19（3）：34-47.

[7] 陈玉罡，杨元君，刘彧. 董事轮换制增加了公司的代理成本

吗？[J]. 证券市场导报，2018（4）：35-41，59.

[8] 成力为，孙玮. 市场化程度对自主创新配置效率的影响——基于 Cost-Malmquist 指数的高技术产业行业面板数据分析 [J]. 中国软科学，2012（5）：128-137.

[9] 邓伟，成园园，王涛. 反收购条款、机构投资者与股价信息含量 [J]. 会计与经济研究，2019，33（2）：62-82.

[10] 邓伟，王涛，成园园. 反收购条款、股价同步性与投资效率 [J]. 管理评论，2020，32（11）：33-47.

[11] 邓伟，翟煜祥，张益瑄. 反收购条款对上市公司风险承担的影响 [J]. 长安大学学报（社会科学版），2020，22（2）：23-37.

[12] 傅穹. 敌意收购的法律立场 [J]. 中国法学，2017（3）：226-243.

[13] 顾慧莹，王小妹，姚铮. 管理者反收购策略研究评述和展望 [J]. 外国经济与管理，2017，39（5）：115-128.

[14] 郭富青. 上市公司反收购：政策导向、实施偏好与法律边界 [J]. 法学，2018（11）：102-113.

[15] 李芬芬. 2014 年以来上市公司收购与反收购情况探析 [J]. 证券市场导报，2017（12）：30-38.

[16] 李善民，陈玉罡. 上市公司兼并与收购的财富效应 [J]，经济研究，2002（11）：27-35.

[17] 李善民，许金花，张东，等. 公司章程设立的反收购条款能保护中小投资者利益吗？——基于我国 A 股上市公司的经验证据 [J]. 南开管理评论，2016，19（4）：49-62.

[18] 李维安，齐鲁骏，李元祯. 从"宝万之争"的治理启示解读

"杠杆收购" [J]. 清华金融评论, 2017 (1): 34-37.

[19] 鲁桐, 党印. 投资者保护、行政环境与技术创新: 跨国经验证据 [J]. 世界经济, 2015 (10): 99-124.

[20] 姜付秀, 张敏, 陆正飞, 等. 管理者过度自信、企业扩张与财务困境 [J]. 经济研究, 2009, 44 (1): 131-143.

[21] 罗进辉, 李雪, 黄泽悦. 关键高管的人力资本价值评估——基于关键高管突然去世事件的经验研究 [J]. 中国工业经济, 2016 (5): 127-143.

[22] 罗进辉, 谭利华, 陈熠. 修改反收购章程条款阻击"野蛮人": 好消息还是坏消息? [J] 财经研究, 2018, 44 (12): 113-125.

[23] 邵军, 刘志远, 于小溪. 法律对投资者利益保护、公司治理与反收购条款的设立——基于我国 A 股上市公司的证据 [J]. 中国会计评论, 2013, 11 (4): 369-390.

[24] 孙光国, 赵健宇. 产权性质差异、管理层过度自信与会计稳健性 [J]. 会计研究, 2014 (5): 52-58.

[25] 孙凯, 刘祥, 谢波. 高管团队特征、薪酬差距与创业企业绩效 [J]. 科研管理, 2019, 40 (2): 116-125.

[26] 王大华, 申继亮. 防御机制的年龄、性别与文化差异 [J]. 心理科学, 1998, 21 (2): 131-135.

[27] 王凯, 范合君, 薛坤坤, 等. 董事会资本、分层董事会条款与公司风险承担研究 [J]. 管理学报, 2019, 16 (3): 351-359.

[28] 王建文. 我国公司章程反收购条款: 制度空间与适用方法 [J]. 法学评论, 2007, 25 (2): 135-140.

[29] 王克敏, 刘静, 李晓溪. 产业政策、政府支持与公司投资效

率研究 [J]. 管理世界, 2017 (3)：113-124, 145.

[30] 温玉成, 刘志新. 技术并购对高新技术上市公司创新绩效的影响 [J]. 科研管理, 2011, 32 (5)：1-7, 28.

[31] 吴磊磊, 陈伟忠, 刘敏慧. 公司章程和小股东保护——来自累积投票条款的实证检验 [J]. 金融研究, 2011 (2)：160-171.

[32] 武立东, 丁昊杰, 王凯. 民营企业创始人特质与公司治理机制完善程度对职业经理人引入影响研究 [J]. 管理学报, 2016, 13 (4)：505-515.

[33] 易阳, 宋顺林, 谢新敏. 创始人专用性资产、堑壕效应与公司控制权配置——基于雷士照明的案例分析 [J]. 会计研究, 2016 (1)：63-70.

[34] 吴育辉, 吴世农. 股权集中、大股东掏空与管理层自利行为 [J]. 管理科学学报, 2011, 14 (8)：34-44.

[35] 辛宇, 黄欣怡, 纪蓓蓓. 投资者保护公益组织与股东诉讼在中国的实践——基于中证投服证券支持诉讼的多案例研究 [J]. 管理世界, 2020, 36 (1)：69-87.

[36] 许金花, 曾燕, 李善民, 等. 反收购条款的作用机制——基于大股东掏空研究视角 [J]. 管理科学学报, 2018, 21 (2)：37-47.

[37] 许金花, 李善民, 张东, 等. 反收购条款与投资者保护：理论模型与实证检验 [J]. 管理评论, 2018, 30 (7)：191-206.

[38] 许金花, 曾燕, 康俊卿. 反收购强度与公司控制权防御 [J]. 系统工程理论与实践, 2020, 40 (1)：28-41.

[39] 徐明亮, 袁天荣. 交错董事会条款、制度环境与投资效率 [J]. 经济管理, 2018, 40 (5)：21-36.

[40] 于开乐, 王铁民. 基于并购的开放式创新对企业自主创新的影响——南汽并购罗孚经验及一般启示 [J]. 管理世界, 2008 (4): 150-159.

[41] 张保华, 张宏杰. 从累积投票制数学原理评我国上市公司相关实践 [J]. 管理世界, 2012 (3): 178-179.

[42] 张伟华, 高冰莹, 王春燕. 反收购条款的研究综述与展望 [J]. 财务研究, 2019, 28 (4): 97-104.

[43] 张伟华, 姚艺, 王春燕. 公司章程中反收购条款设置与公司价值 [J]. 中国软科学, 2019 (10): 129-144.

[44] 张学勇, 柳依依, 罗丹, 等. 创新能力对上市公司并购业绩的影响 [J]. 金融研究, 2017 (3): 159-175.

[45] 曾燕, 许金花, 涂虹羽. "共生" 关系下的控制权防御机制设计——以 "万科与宝能系之争" 为例 [J]. 管理科学学报, 2018, 21 (10): 97-111.

[46] 郑志刚, 许荣, 徐向江, 等. 公司章程条款的设立、法律对投资者权力保护和公司治理——基于我国A股上市公司的证据 [J]. 管理世界, 2011 (7): 141-153.

[47] 蔡美云. 防御方式问卷 (DSQ) 的信度和效度研究 [D]. 广州: 暨南大学, 2004.

[48] 曹清清. 我国上市公司章程反收购条款法律规制研究 [D]. 长春: 吉林大学, 2018.

[49] 曹媛媛. 我国上市公司反收购中董事行为规制研究 [D]. 上海: 华东师范大学, 2019.

[50] 程艳丽. 我国公司章程防御性条款的法律问题研究 [D]. 上

海：华东师范大学，2019.

[51] 程瑜. 公司章程中投资者保护条款对控制权转移概率的影响研究 [D]. 广州：中山大学，2014.

[52] 唐明君. 上市公司章程反收购条款研究 [D]. 杭州：浙江大学，2017.

[53] 王云锐. 我国反收购条款实证分析与规范构想 [D]. 济南：山东大学，2019.

二、英文文献

[1] PATRICK A G. Mergers Acquisitions and Corporate Restrucrings [M]. New York：John Wiley and Son, Inc., 2010.

[2] ADAMS R, FERREIRA D. One share-one vote：The empirical evidence [J]. Review of Finance, 2008, 12 (1)：51-91.

[3] AGHION P, Tirole J. Formal and real authority in organizations [J]. Journal of Political Economy, 1997, 105 (1)：1-29.

[4] AGHION P, REENEN J V, ZINGALES L. Innovation and Institutional Ownership [J]. American Economics Review, 2013, 103 (1)：277-304.

[5] AGHION P, TIROLE J. The Management of Innovation [J]. The Quarterly Journal of Economics, 1994, 109 (4)：1185-1209.

[6] AGRAWAL A, KNOEBERC R. Managerial compensation and the threat of takeover [J]. Journal of Financial Economics, 1998, 47 (2)：219-339.

[7] ATANASSOV J. Do hostile takeovers stifle innovation? Evidence

from antitakeover legislation and corporate patenting ［J］. Journal of Finance, 2013, 68 (3): 1097-1131.

［8］ BARRY J M, HATFIELD J W. Pills and Partisans: Understanding Takeover Defenses ［J］. University of Pennsylvania Law Review, 2012, 160 (3): 633-713.

［9］ BATES T W, BECHER D A, LEMMONM L. Board classification and managerial entrenchment: Evidence from the market for corporate control ［J］. Journal of Financial Economics, 2008, 87 (3): 656-677.

［10］ BEBCHUK L A, COATES J C, SUBRAMANIAN G. The powerful antitakeover force of staggered boards: Theory, Evidence & Policy ［J］. Stanford Law Review, 2002, 54 (5): 887-951.

［11］ BEBCHUK L A, COHEN A. What matters in corporate governance? ［J］. Review of Financial Studies, 2009, 22 (2): 783-827.

［12］ BEBCHUK L A, COHEN A, WANG C C Y. Golden parachutes and the wealth of shareholders ［J］. Journal of Corporate Finance, 2014, 25 (2): 140-154.

［13］ BENGT H. Agency costs and innovation ［J］. Journal of Economic Behavior and Organization, 1989, 12 (3): 305-327.

［14］ BENNEDESEN M, FAN J P H, JIAN M. The Family Business Map: Framework, Selective Survey, and Evidence from Chinese Firm Succession ［J］. Journal of Corporate Finance, 2015, 62 (4): 212-226.

［15］ BHAGAT S, BRICKLEY J. Cumulative voting: the value of minority shareholders voting rights ［J］. Journal of Law and Economics, 1984 (27): 339-365.

[16] BHOJRAJ S, SENGUPTA P, ZHANG S. Takeover defenses: entrenchment and efficiency [J]. Journal of Accounting and Economics, 2017, 63 (1): 142-160.

[17] BRICKLEY J A, LEASE R C, SMITH C W. Ownership Structure and Voting on Antitakeover Amendmemts [J]. Journal of Financial Economics, 1988, 20 (1-2): 267-291.

[18] CAI W. Hostile takeovers and takeover defences in China [J]. Hong Kong Law Journal, 2012, 42 (3): 901-938.

[19] CHANG Y K, CHOU R K, HUANG T H. Corporate governance and the dynamics of capital structure: New evidence [J]. Journal of Banking & Finance, 2014, 48: 374-385.

[20] CHEMMANUR T J, PAEGLIS I, SIMONYAN K. Management quality and antitakeover provisions [J]. Journal of Law and Economics, 2011, 54 (3): 651-692.

[21] CHEMMANUR T J, JIAO Y. Dual class IPOs: A theoretical analysis [J]. Journal of Banking and Fiannce, 2012, 36 (1): 305-319.

[22] CHEMMANUR T, TIAN X. Do anti-takeover provisions spur corporate innovation? A regression discontinuity analysis [J]. Journal of Financial and Quantitative Analysis, 2018, 53 (3): 1163-1194.

[23] CHINTRAKARN P, JIRAPORN N, JIRAPORN P. The effect of entrenched boards on corporate risk-taking: Testing the quiet life hypothesis [J]. Applied Economics Letters, 2013, 20 (10/12): 1067-1070.

[24] COATES J. Explaining variation in takeover defenses: blame the lawyers [J]. California Law Review, 2001 (89): 1301-1421.

[25] COHEN A, WANG C C Y. How do staggered boards affect shareholder value? Evidence from a natural experiment [J]. Journal of Financial Economics, 2013, 110 (3): 627-641.

[26] COHEN A, WANG C C Y. Reexamining staggered boards and shareholder value [J]. Journal of Financial Economics, 2017, 125 (3): 637-647.

[27] CORE J E, GUAY W R, RUSTICUS T O. Does weak governance cause weak stock returns? An Examination of Firm Operating Performance and Investors' Expectations [J]. Journal of Fiannce, 2006, 61 (2): 655-687.

[28] CREMERS K J, NAIR V B. Governance mechanisms and equity prices [J]. Journal of Finance, 2005, 60 (6): 2859-2894.

[29] CREMERS K J, LITOV L P, SEPE S M. Staggered Boards and Long-Term Firm Value, Revisited [J]. Journal of Financial Economics, 2017, 126 (2): 422-444.

[30] DAINES R, KLAUSNER M. Do IPO charters maximize firm value? antitakeover protection in IPOs [J]. Journal of Law, Economics, and Organization, 2001, 17: 83-120.

[31] DANIELSON M G, KARPOFF J M. On the uses of corporate governance provisions [J]. Journal of Corporate Finance, 1998, 4 (4): 347-371.

[32] DANIELSON M G, KARPOFF J M. Do pills poison operating performance? [J]. Journal of Corporate Finance, 2006, 12 (3): 536-559.

[33] DAVIS G F. Agents without Principles? The Spread of the Poison Pill through the Intercorporate Network [J]. Administrative Science Quarterly, 1991, 36 (4): 583-613.

[34] ERTUGRUL M. Bargaining power of targets: Takeover defenses and top-tier target advisors [J]. Journal of Economics and Business, 2015, 78: 48-78.

[35] FIELD L C, KARPOFF J M. Takeover defenses of IPO firms [J]. The Journal of Finance, 2002, 57 (5): 1857-1889.

[36] FRAKES M D. Classified boards and firm value [J]. Delaware Journal of Corporate Law, 2007 (32): 113-151.

[37] GIROUD X, MUELLER H M. Corporate governance, product market competition, and equity prices [J]. Journal of Finance, 2011, 66 (2): 563-600.

[38] GOKTAN M S, KIESCHNICK R. A target's perspective on the effects of ATPs in takeovers after recognizing its choice in the process [J]. Journal of Corporate Finance, 2012, 18 (5): 1088-1103.

[39] GOMPERS P A, ISHII J, METRICK A. Corporate governance and equity prices [J]. The Quarterly Journal of Economics, 2003, 118 (1): 107-156.

[40] GORMLEY T A, MATSA D A. Playing It Safe? Managerial Preferences, Risk, and Agency Conflicts [J]. Journal of Financial Economics, 2016 (3): 433- 455.

[41] GREMERS M, FERRELL A. Thirty years of shareholder rights and firm value [J]. Journal of Finance, 2014, 69 (3): 1167-1196.

[42] GROSSMAN S J, HART O. One share-one vote and the market for corporate control [J]. Journal of Financial Economics, 1988, 20 (1-2): 175-202.

[43] GUO R J, KRUSE T, NOHEL T. Undoing the powerful anti-takeover force of staggered boards [J]. Journal of Corporate Finance, 2008, 14 (3): 274-288.

[44] HERON R A, LIE E. On the use of poison pills and defensive payouts by takeover targets [J]. Journal of Business, 2006, 79 (4): 1783-1807.

[45] HERON R A, LIE E. The effect of poison pill adoptions and court rulings on firm entrenchment [J]. Journal of Corporate Finance, 2015, 45 (12): 286-296.

[46] HWANG L S, LEE W J. Do takeover defenses impair equity investors' perception of "Higher Quality" earnings? [J]. Journal of Accounting, Auditing & Finance, 2012, 27 (3): 325-358.

[47] JENSEN M C, RUBACK R S. The market for corporate control: the scientific evidence [J]. Journal of Financial Economics, 1983, 11 (1-4): 5-50.

[48] JOHNSON S, PORTA R L, LOPEZ-DE-SILANES F, et al. Tunneling [J]. American Economic Review, 2000, 90 (2): 22-27.

[49] JOHNSON W C, KARPOFF J M, YI S. The Bonding Hypothesis of Takeover Defenses: Evidence From IPO Firms [J]. Journal of Financial Economics, 2015, 45 (2): 307-332.

[50] KARPOFF J M, WITTRY M D. Institutional and legal context in

natural experiments: The case of state antitakeover laws [J]. Journal of Finance, 2018, 73 (2): 657-714.

[51] KINI O, KRACAW W, MIAN S. The nature of discipline by corporate takeovers [J]. Journal of Finance, 2004, 59 (4): 1151-1552.

[52] LaPorta R, Shleifer A., Vishny R. Law and finance [J]. Journal of Political Economy, 1998, 106 (6): 1113-1155.

[53] LANDIER A, AUGUSTIN B, THESMAR D. Financial Contractingwith Optimistic Entrepreneurs: Theory and Evidence, Working Paper, 2004.

[54] LUO J H, WAN D F, CAI D, et al. Multiple large shareholder structure and governance: The role of shareholder numbers, contest for control, and formal institutions in Chinese family firms [J]. Management and Organization Review, 2013, 9 (2): 265-294.

[55] MANSO G. Motivating innovation [J]. Journal of Finance, 2011, 66 (5): 1823-1860.

[56] MACLEAN S, BREWERIES L. Canadian Firms and Poison Pill Adoption: The Effects on Financial Performance [J]. Journal of Business & Economics Studies, 2006, 12 (1): 40-54.

[57] MARC F. Does protectionist anti - takeover legislation lead to managerial entrenchment? [J]. Journal of Financial Economics, 2020, 136 (1): 106-136.

[58] MEULBROEK L K, MITCHELL M L, MULHERIN J H, et al. Shark repellents and managerial myopia: An empirical test [J]. Journal of Political Economy, 1990, 98 (6): 1108-1117.

[59] MIKKELSON W H, PARTCH M H. Ownership and operating performance of companies that go public [J]. Journal of Financial Economics, 1997, 44 (3): 281-307.

[60] PORTER M E. Capital disadvantage: America's failing capital investment system [J]. Harvard Business Review, 1992, 70 (5): 65-82.

[61] RAUH J D. Own company stock in defined contribution pension plans: A takeover defense? [J]. Journal of Financial Economics, 2006, 81 (2): 379-410.

[62] RHODES-KROPF M, ROBINSON D T. The market for mergers and the boundaries of the firm [J]. Journal of Finance, 2008, 63 (3): 1169-1211.

[63] RYNGAERT M, SCHOLTEN R. Have changing takeover defense rules and strategies entrenched management and damaged shareholders? The case of defeated takeover bids [J]. Journal of Corporate Finance, 2010, 16 (1): 16-37.

[64] SANJEEV B J, PARTHA S, SUNING Z. Takeover defenses: entrenchment and efficiency [J]. Journal of Accounting and Economics, 2017, 63 (1): 142-160.

[65] SAVOR P G, LU Q. Do stock mergers create value for acquirers? [J]. Journal of Finance, 2009, 64 (3): 1061-1097.

[66] SCHAUTEN M B J, VAN DIJK D V, VAN DER WAAL J P. Corporate governance and the value of excess cash holdings of large European firms [J]. European Financial Management, 2013, 19 (5): 991-1016.

[67] SHLEIFER A, VISHNY R. A Survey of corporate governance

[J]. The Journal of Finance, 1997, 52 (2): 737-783.

[68] SOKOLYK T. The effects of antitakeover provisions on acquisition targets [J]. Journal of Corporate Finance, 2011, 17 (3): 612-627.

[69] SOUTHERN M E. The effects of takeover defenses: Evidence from closed-end funds [J]. Journal of Financial Economics, 2016, 119 (2): 420-440.

[70] SPARA H., SUBRAMANIAN A, SUBRAMANIAN K V. Corporate governance and innovation: theory and evidence [J]. Journal of Financial and Quantitative Analysis, 2015, 49 (4): 82-106.

[71] STEIN J C. Takeover threats and managerial myopia [J]. Journal of Political Economy, 1998, 96 (1): 61-80.

[72] STRASKA M, WALLER H G. Do antitakeover provisions harm shareholders? [J]. Journal of Corporate Finance, 2010 (16): 487-497.

[73] STRASKA M, WALLER H G. Antitakeover provisions and shareholder wealth: A survey of the literature [J]. Journal of Financial and Quantitative Analysis, 2014, 49 (4): 933-956.

[74] VAILLANT G E. Natural history of male psychologicalhealth. The relation of choice of egomechanisms of defense to adult adjustment [J]. Arch Gen Psychiatry, 1976, 33 (5): 454-481.

[75] WOLOSIN R J, SHERMAN S J, AMNON T. Effects of Cooperation and Competition on Responsibility Attribution after Success and Failure [J]. Journal of Experimental Social Psychology, 1973 (9): 220-235.

[76] QIAN J, ZHAO S. Shareholder rights and tunneling: evidence from a quasi-natural experiment [D]. Boston: Boston College working Pa-

per, 2011.

[77] TONG L, SEVILIR M, TIAN X. Acquiring innovation [D]. Philadelphia: University of Pennsylvania, 2016.

[78] VILLALOGA B, AMIT R. How do family ownership, management, and control affect firm value? [D]. Boston: Harvard Business School, 2004.